Marina Müller McKenna

Smörrebröd am Öresund

Anmerkungen über das Reisen

© 2016 Marina Müller McKenna
Umschlagbild: M. Müller McKenna „Sailing on Öresund"

Weitere Informationen unter: www.crowhouse.synthasite.com

Hinweis: Dieses Buch wurde nicht explizit nach den Regeln der zurzeit gültigen Deutschen Rechtschreibreform geschrieben, sondern mit einigen Ausnahmen so, wie die Verfasserin es in der Schule gelernt und in jahrelanger Praxis vertieft hat.
Herzlicher Dank geht an mein dreiköpfiges Korrekturleser-Team.

Herstellung und Verlag:
BoD – Books on Demand, Norderstedt

ISBN 978-3-7412-4975-4

*Der Tourist zerstört, was er sucht,
indem er es findet.*

Hans Magnus Enzensberger

Vorwort	9
Die graue Theorie	11
Die Reise nach Rumänien	16
Ich weiß etwas, was du nicht weißt	31
Die Sache mit der Orientierung	34
Die Tücke steckt nicht selten im Detail	36
Oft hängt´s von einem selber ab	40
Manchmal ist´s auch der Allmächtige	43
Eine Frage	46
Erwartungen	48
Klick-klack und beep!	53
Rundfahrten	55
Elbe inwendig	62
Mosaiksteinchen	68
Ich bin kein Urlaubsmensch	82
Ganz zum Schluss	85

Vorwort

Ein Bild von dieser Welt kann nur bekommen, wer sich in ihr umschaut; und zwar nicht nur per Fernsehen oder PC, sondern möglichst live, mit Originalton und in Farbe. Das habe ich mein Leben lang getan: als Mensch, als Touristin und als Reiseleiterin.

Ich habe darüber schon in meinem ersten Buch „Zwischen den Welten" berichtet. Da ging es um Lebenszeit und Lebensräume. Da beschrieb ich, wie ich, die ich als Kind oft und gerne mit dem Finger auf den Landkarten meines Weltatlasses reiste, relativ spät in meinem Leben plötzlich und für eine lange Weile noch „hinter" der so eigenartig geformten britischen Insel lebte oder später dann, in entgegengesetzter Richtung, weit östlich und südlich vom italienischen Stiefelabsatz meine neue Heimat fand.

Hier nun soll es anhand vieler praktisch gesammelter Erfahrungen ausschließlich um das eine im ersten Buch ausgesparte Thema gehen: das Reisen. Es geht um Freizeit und Freiräume, aber auch in hoffentlich unterhaltsamer Form um das harte Brot des Reiseleiters. Denn ihm beziehungsweise ihr ist es häufig zu verdanken, wenn das besuchte Ziel durch den für Neues offenen Reisegast auch einmal jenseits von Postkartenidylle und rosarot gefärbten Brillengläsern wahrgenommen wird. Somit ist das Büchlein quasi eine mit leichter Feder geschriebene Ergänzung zu seinem Vorgänger und richtet sich an alle Globetrotter: an Reisende *und* an im Tourismus Tätige.

Der Titel dieses Buches ist ein wenig irreführend, denn Skandinavien steht bei den von mir besuchten Reisezielen nicht an den vordersten Plätzen. Diese sind von Orten viel weiter südlich besetzt. Aber – und so kam es zu diesem Titel – ich war einmal dort, sogar ganz privat. Und wie wir noch sehen werden: Es sind nicht unbedingt immer bevorzugte Ziele, lange

Aufenthalte oder bedeutende Begebenheiten, die sich einem auf lange Sicht einprägen.

Denn auf der Öresund-Brücke erwischte es mich: Plötzlich war ich wieder Kind. Ich fühlte mich angesichts der Putzigkeit der mich umgebenden Sprachfetzen wie der dänische Koch in der Muppets-Show. Am liebsten hätte ich meine Hände mit imaginären Kochlöffeln in der Luft geschwenkt und laut gerufen: *„Smørrebrød, Smørrebrød røm, pøm, pøm, pøm!"*

Mich befiel eine seltsame Albernheit. Die wurde noch stärker, als ich als erstes auf der schwedischen Seite zwar nicht den ersehnten Elch, aber ein bekanntes blau-gelbes Möbelhaus sah. Die Tatsache, dass der zitierte Koch in der amerikanischen Fassung der Muppets-Show eigentlich ein schwedischer war, passte nun auch wieder.

Mich hat der skandinavische Akzent schon seit meinen Jahren als Studiotechnikerin bei Radio Berlin International fasziniert, und immer wenn ich *Smörrebröd* oder *Öresund* sage oder höre, befällt mich wieder diese Albernheit. Das ist mir mit noch keiner anderen Sprache so gegangen.

Beruflich habe ich rund fünfunddreißig Jahre im Tourismus auf dem Buckel, sowohl vor als auch hinter dem Mikrofon – will heißen: sowohl im Tourismusmanagement als auch an der Front des Stadtführens und Reiseleitens. Darüber hinaus dachte ich mir: Man hat ja nicht umsonst all die Reisetagebücher geschrieben, da sollte doch einiges Material für kleine Geschichten und vermittelnswerte Erfahrungen dabei sein.

Somit lege ich hier mein zweites Buch vor und hoffe, es ist unterhaltsam oder gar hilfreich genug, um mit Interesse gelesen zu werden. Vielleicht sogar – und das wäre das Höchste – am Öresund beim Smörrebröd ...

Darauf ein lautes dreifaches „røm, pøm, pøm, pøm"!

Spartiá, Kefaloniá, im Mai 2016

Die graue Theorie

Träume und Realitäten

Die Arbeit mit und für Touristen ist eine der schwierigsten, die sich vorstellen lässt. Man kann – im Gegensatz zum Arzt – seine Klienten im Notfall weder ruhigstellen noch bei Bedarf gänzlich betäuben oder – bei gewissen Anzeichen – zum Spezialisten überweisen.

Deshalb hat der liebe Gott vor den ersten Schritt hinaus in die Fremde das Lernen gesetzt, denn es gibt Notwendigkeiten und Gesetze des Fremdenverkehrs, die jenseits von Ortskenntnis oder Buchhaltung liegen. Natürlich kann man auch – zum Beispiel als Student – mal nebenbei bei Rundfahrten oder im Bereich Reiseleitung „jobben", aber außer bei ausgesprochenen Naturtalenten geht das nach aller Erfahrung nicht so gut.

Ich hatte das Glück, meine erste Ausbildung zum „Stadtbilderklärer" in der DDR zu absolvieren. Dort war diese Schulung in allen ihren Teilen – nicht nur dem ideologischen – ausgesprochen gründlich und endete mit einer Art Diplom und einer freiberuflichen Arbeitslizenz. Das war etwas, was sonst eigentlich nur Künstler besaßen.

Nach der Wende waren diese Ausbildung und die entsprechend gesammelte Erfahrung bei Rundfahrten und in der Auslands-Reiseleitung gut genug, um im Ostteil Berlins von einer Ost-West-Firma im Tourismusmanagement angestellt zu werden. Bis dann eines Tages auch meine Arbeitskraft überflüssig wurde. Nach einiger Zeit Arbeitslosigkeit – ich war gerade über vierzig und hatte zirka zwanzig Jahre Berufserfahrung in meinem Lebensrucksack – kam das Arbeitsamt Berlin-Südost auf die Idee, dass es nun Zeit wäre, mich von der „Straße" auf die Schulbank zu holen und umzuqualifizieren. Ziel: Reiseverkehrskauffrau – natürlich nach bundesdeutscher Vorgabe.

Ungeachtet der Tatsache, dass es bereits Heerscharen blutjunger und frisch diplomierter Reiseverkehrskaufmenschen gab, die sofort von der Erstausbildung in die Arbeitslosigkeit gingen, stellte man in unserer Bildungseinrichtung ein einmalig buntes Grüppchen aus Personen fast jeden Alters und jeglicher Couleur zusammen: Da waren Bäcker und Landschaftsgärtner, Maurer und Altenpflegerinnen, Tischler und Maler und Pianistinnen ... welche alle zu Reiseverkehrsfachleuten umgeschult werden sollten – sowie eine einzige in der Klasse, die bereits Tourismusfachkraft war, nämlich ich. Aber ich war nur eine „Ost-Ausgebildete", und das galt jetzt nicht mehr viel.

Ich war mir sicher, irgendwo in einem anderen der vielen in dieser Zeit aus dem Boden geschossenen Weiterbildungsvereine saßen Tourismusfachleute, die zu Bäckern und Landschaftsgärtnern, Maurern und Altenpflegerinnen – und so weiter – umgeschult wurden. Das ganze diente alleine einer geschönten Statistik mit einem niedrigen Prozentsatz von Arbeitssuchenden.

Niemals werde ich den ersten Tag dieser Bildungsmaßnahme vergessen. Nachdem jeder sich und ein wenig seine Biographie vorgestellt hatte, sollten er oder sie sagen, warum sie sich für den Zweitberuf Reiseverkehr entschieden hätten. In fast allen Fällen kam die verblüffende Antwort: „Weil ich so gerne reise!"

Vielleicht war das eine typisch-naive Annahme, wie man sie nur im Osten unseres Landes und nur so relativ kurz nach der Wende erleben konnte; in jedem Fall wurden hier Äpfel mit Birnen verwechselt. Denn in seiner dienstlichen Eigenschaft tut der Reiseverkehrsfachmensch in der Regel nichts so wenig wie Reisen! Er ist lediglich Händler! Wenn er Angestellter in einem Reisebüro ist, dann verkauft er tagaus, tagein Reisen und andere touristische Leistungen. Oder er sortiert Kataloge ein oder aus. Er ärgert sich mit Kunden, Fehlbuchungen und einem Netzwerk von diversen Tarifen, Versicherungen, Abrechnungsmodi und Sonderbesteuerungen herum. Die Sonne sieht er selten, oft macht er Überstunden, und blaues Meer und Swimmingpool wird er mehr oder weniger nur aus Prospekten kennen. Es ist eine stressige Arbeit. Immerhin kommen in Zeiten der Online-Buchung nur noch Leute zu ihm oder ihr, die damit irgendwie nicht zurande kommen, persönlich beraten werden wollen oder allgemein ein bisschen unsicher sind.

Da der Reiseverkehrsmensch ja im Kern ein Kaufmann beziehungsweise eine Kauffrau ist, nimmt das Buchhalterische einen großen Teil ein. Ich weiß nicht, ob es heute immer noch so ist, aber zu „meiner" Zeit gab es nichts Verwirrenderes als die Reisesteuerregelungen. In der besagten Umschulung rechneten wir an der Besteuerung uns vorgegebener Reiseleistungen für ein fiktives Pauschalangebot oftmals Stunden. Unterschiedliche Steuersätze galten je nach Land, EU oder Nicht-EU; Fortbewegungsart und Einzelleistungsträger; ferner zählte die Frage, ob man sich zu Land, zu Wasser oder in der Luft sowie innerhalb oder außerhalb einzelner Gebietszonen oder Zeiträume bewegte.

Außerdem gab es Unterschiede je nachdem, ob das Reisebüro als Veranstalter oder nur als Vermittler auftrat. Das Verbuchen der Leistungen eines fiktiven Reisebüros in einem gegebenen Zeitraum in der doppelten Buchführung konnte per Hand und Kopf schon mal eineinhalb Tage in Anspruch nehmen. Man träumte nachts von Soll und Haben! Ich habe – bei ausgewogener, normaler Ernährung – in dieser Zeit innerhalb weniger Wochen mehr als zehn Kilo abgenommen. Das sagt alles über den Stress, und ich empfehle diese Diät ausdrücklich *nicht*, denn sie birgt durchaus die Gefahr, neben erheblichem Gewicht auch noch den Verstand zu verlieren!

Damals kamen ja noch die zum Teil irren Flugpreisberechnungen hinzu, die sich mittlerweile zwar nicht viel transparenter, aber doch ein bisschen logischer darstellen. Zumindest kann man jetzt Einzelflüge buchen und ein „Roundtrip" ist kein nahezu unmögliches Ding mehr. Aber im Jahr 1999 war es wirklich niemandem plausibel zu erklären, warum ein Ticket mit Hin- und Rückflug, zum Bespiel von Berlin-Tegel nach Dublin, 600,- DM kostete, der einfache Hinflug aber 1200,- DM.

Ein weiterer wichtiger Lebensinhalt des Reisekaufmanns ist das weite und wüste Feld der Reiseversicherungen. Dazu mussten wir die einschlägige Rechtsprechung studieren, die zum Teil lustige Präzedenzfälle hervorgebracht hatte. Es geht ja nicht immer nur um so Sachen wie Flugverspätungen, fehlendes Gepäck oder Kakerlaken.

Ich erinnere mich hier an den klassischen Fall, in dem eine Doppelbettbuchung eine Rolle spielte, die allerdings in einer Unterbringung mit zwei nebeneinanderstehenden Einzelbetten und einer Klage resultiert hatte: Der Kunde hatte geltend gemacht, dass beim Beischlaf die beiden Betten auseinandergedriftet seien und sowohl er als auch seine Beziehung sich sowohl physisch als auch psychisch nicht wieder gutzumachenden Schaden zugezogen hätten. Die Frage war: Sind einem Gast trotz ausgewiesenen Doppelbetts zwei nebeneinanderstehende, stabile Einzelbetten zuzumuten und darf ihm weiterhin auferlegt werden, diese gegebenenfalls mit geeigneten Mitteln (Wäscheleine oder auch Hosengürtel, der ja in diesem Moment für seinen eigentlichen Zweck nicht gebraucht wird) selber zu fixieren? – Wie würden Sie da entscheiden? Um Ihnen ein bisschen Zeit zum Überlegen zu geben, löse ich den Fall erst ein wenig später auf.

Sollte jedoch der frisch be- oder umgeschulte Reiseverkehrsfachmensch eine Stelle als Gebietsrepräsentant ergattert haben, also wirklich in die Urlaubsregionen geschickt worden sein, dann widerfährt ihm Folgendes: Er steht lange vor dem Aufstehen oder zu anderen unchristlichen Zeiten in Uniform – und die Damen in geschlossenen Pumps – in überheißen, überfüllten Flugplatzterminals herum und hilft, ab- und anreisende Touristenströme mithilfe von Klemmbrettern, Organigrammen und Transferbussen zu Quartieren und in Flugzeuge zu verfrachten, was an sich schon schwer genug ist, wenn die Charterflüge *nicht* auch noch hoffnungslos und stundenlang verspätet sind.

Zwischendurch fährt er beziehungsweise sie über die gesamte Insel oder durch die ganze Region, hält in den einzelnen Resorts regelmäßig Sprechstunden ab und ist nebenbei selbstverständlich auch für alle Arten von Notfällen rund um die Uhr erreichbar. Und möglicherweise sind da noch die begleiteten und geführten Touren, bei denen man wie eine Glucke mit vierzig, fünfzig Küken die Sehenswürdigkeiten abfährt und erklärt – immer darauf bedacht, dass einem keines der „Hühnchen" abhanden kommt.

Nicht, dass ich falsch verstanden werde. Ich habe meinen Beruf immer geliebt. Man liegt nur eben nicht ständig am Strand mit Sonne auf der Haut und einem Cocktail in der Hand.

Da bedarf es schon einer realistischen Sichtweise und neben brennender Leidenschaft auch einer Leidensbereitschaft bei denjenigen, die dieses nicht nur einmalig, sondern ein ganzes Leben lang ausüben wollen ...

Ich möchte dies jetzt, da es so gut passt, mit einem Urlaubsbericht aus dem prallen Reiseleiterleben untermauern.

Die Reise nach Rumänien

Ein Drama in zehn Akten

Prolog

Ursprünglich war in meinem Arbeitsmanuskript diese Geschichte mit dem Untertitel „Todessehnsucht" überschrieben. Vom Tod im Zusammenhang mit den schönsten Wochen des Jahres wollte ich schreiben? Ja!

Vorher möchte ich anmerken, dass dieses gesamte Buch seine Existenz eigentlich den folgenden Schilderungen verdankt. Denn seit diesen Geschehnissen vor so vielen Jahren lief ich mit dem Satz „Eigentlich müsste man darüber ein Buch schreiben!" im Kopf herum. Das meinten auch jene, denen ich davon berichtete.

Doch was für ein Schock, als ich recherchierte: Bei jeder Reise – privat oder als Reiseleitung – hatte ich Tagebuch geführt. Alles war aufgezeichnet. Nur *dieser eine* Einsatz stand mit keinem Wort zu Buche. Nicht bei mir und nach Anfrage auch nicht bei meinem damaligen Partner und Leidensgenossen, der ebenfalls ein Tagebuchschreiber war. Das musste einen Grund haben und der lag, wenn ich es mir recht überlege, in der Sache selber begründet: Wir waren zu fertig mit unseren Nerven, um noch Bericht zu führen! Also muss ich darauf vertrauen, dass die Erinnerung mir hilft.

So gegenwärtig, als sei es gestern gewesen, ist mir der Rückflug. Während ich da saß und von oben auf die Wolken schaute, formten sich in mir ein Wunsch, ein Stoßgebet und der Textentwurf für einen Zeitungsartikel für den nächsten Tag:

"Gestern nachmittag Ortszeit stürzte auf dem Flug von Constanta/Rumänien nach Berlin-Schönefeld über unbewohntem Gebiet eine Chartermaschine der INTERFLUG ab.
Es starben die Piloten und die Crew, eine nette ältere Dame, zwei sichtlich mitgenommene Reiseleiter sowie 59 weitere Personen. Der Schaden hinsichtlich der zuletzt erwähnten größeren Personengruppe ist bedauerlich, hält sich aber in Grenzen ... "

So – man verzeihe es mir – dachte ich, und so meinte ich es! Die vergangenen zwei Wochen hatten mich dazu getrieben.

Erster Akt

Es war im August, in der zweiten Hälfte der achtziger Jahre. Mein damaliger Lebenspartner und ich waren unterwegs nach Rumänien, an die Schwarzmeerküste südlich von Constanta. Er war der offiziell benannte Reiseleiter, ich erledigte Organisation, Listen und Tourenplanung. Es ergab sich – entgegen sonstiger Gepflogenheiten – dass uns, statt der normalen Gruppenstärke von etwa dreißig Touristen, eine zusätzliche Gruppe, also insgesamt sechzig Personen, zugewiesen wurden. Da wir beide Reiseleiter waren, sahen wir kein Problem und nahmen die Reiseleitung an.

Wir waren untergebracht in einem größeren, vom Rest des Landes abgetrennten, Gebiet der Küste, das mehrere nach Planeten benannte Orte umfasste: „Venus", „Neptun", „Saturn" und so weiter. Mittendrin lag die Sommerresidenz von Ceaușescu, dem unsäglichen Staatspräsidenten, der in Prunk und Protz lebte und sein Volk hungern und darben ließ. Wenn man im Meer badete, konnte man die Wachen auf den Balkonen und Galerien sehen, wie sie uns beobachteten, ihre Maschinenpistolen im Anschlag. Kein schönes Gefühl!

Eigentlich waren wir in einem Ghetto. Wenn wir für Touren das Gebiet verließen, fuhren wir durch das bewachte Tor einer Abzäunung. Ich begann mich schon am ersten Tag zu schämen vor den ärmlichen aber fleißigen Einheimischen, die uns im Restaurant bedienten, die Straßen fegten oder an den Marktständen Waren feilboten.

Irgendwie wurde schon am ersten Tag klar, dass wir es hier in unserer Urlaubergruppe mit schwierigen Menschen zu tun hatten. Einzig eine ältere, leicht übergewichtige Dame war sehr nett und wurde dafür schon am ersten Urlaubstag bestraft: Sie rutschte von einer Treppenstufe ab und brach sich das Fußgelenk. Als sie aus der Klinik kam, beschlossen wir gemeinsam mit ihr, dass sie *nicht* nach Hause fahren, sondern dableiben würde und wir für sie ermöglichen wollten, dass sie an den meisten Veranstaltungen teilnehmen konnte. Mein Partner und ein weiterer Mann erklärten sich bereit, sie jeweils in die Busse für die Tagestouren hineinzutragen. Natürlich bedeutete das, dass für sie die vorderste Bank reserviert werden musste, wo sie sitzen und ihren Fuß hochlegen konnte. Und da begann das erste von vielen Problemen.

Wer wie ich über dreißig Jahre lang Stadtrundfahrten und Touristenausflüge gemacht hat, der weiß um den Wert der rechten ersten Sitzbank. Hat man doch die gesamte unverstellte Panoramascheibe des Busses vor sich. Auf Platz zwei rangiert die Bank hinter dem Fahrer; es folgen die Rückbank und dann alle anderen Plätze. So fand ich am Morgen der ersten Tour auch prompt die Premium-Bank besetzt von Ehepaar M., welche offenbar dafür extra früh aufgestanden waren (eine Art Vorläufer der heute im Ausland so beliebten Badehandtuch-Methode). Stolz saßen sie da, Triumph lag auf ihren Gesichtern. Als ich sie bat, die Bank für die ältere Dame zu räumen, brach ein Sturm los: Was ich mir erlaube, sie seien zuerst dagewesen; soll doch die Dame weiter hinten im Bus sitzen, sie hätten 1300 Mark bezahlt und daher ein Anrecht ... und so weiter – nicht die Spur von Verständnis! Da ahnte ich schon Fürchterliches. Wir baten den Fahrer, den Bus nun gänzlich räumen zu lassen. Die alte Dame wurde unter Protest der M.s in das nun leere Gefährt gewuchtet und als klar wurde, dass sie auch nicht die Bank hinter dem Fahrer bekommen würden, weil da naturgemäß die zwei Reiseleiter – also wir – sitzen mussten, zogen sie sich schmollend in die Tiefen des Fahrzeugs zurück.

Zweiter Akt

Im Restaurant unseres Hotels wurden wir außerordentlich gut bewirtet. Bald ahnten wir, dass das Bedienpersonal einen Bruchteil dessen zum Leben hatte, was wir alleine beim Frühstück vorgesetzt bekamen. Unter vielem anderen bekamen wir in kleinen Portionen abgepackte Butter, auf der – wahrscheinlich wegen eines höheren Wassergehalts – in Rumänisch vermerkt war, sie sei innerhalb von siebzehn Tagen zu verbrauchen.

Plötzlich stand eine Abordnung der Reisegruppe an unserem Tisch und beschwerte sich, man bekomme hier ja Butter mit nur siebzehn Prozent Fettgehalt serviert und wir sollten uns bei der Repräsentanz beschweren. Ich fragte, wer denn aus der Gruppe Rumänisch spreche und wie sie darauf kämen. Natürlich sprach keiner Rumänisch; aber das sehe man doch auf der Packung, meinten sie, da stehe was von siebzehn drauf und das könne ja nur bedeuten: siebzehn Prozent Fettgehalt. Kein Vernunftsargument half – das Vorurteil war zu stark! Man hatte schließlich 1300 Mark bezahlt, da hatte man ein Recht auf möglichst Deutsche Vollfettbutter.

Dritter Akt

Deutlich und ausdrücklich warnten wir unsere Gäste: kein rohes Obst oder Gemüse essen – nicht vom Händler, auch nicht von Baum oder Strauch. Wenn es denn doch sein muss: gründlich waschen! Schon eine halbe Stunde nach dieser Warnung sahen wir Gäste unserer Gruppe auf dem Markt Obst kaufen und ungewaschen sofort verzehren.

Aber es kam noch schlimmer.

Wir waren zu einer Weinverkostung auf das Gut *Murfatlar* eingeladen. Der Weg führte durch liebliche Weingärten, in denen die reifen Reben goldgelb in der Sonne strahlten.

Die Bustüren waren noch nicht ganz offen, da quoll eine sich gegenseitig drängelnde und schubsende Menschenmasse ins Freie und ergoss sich in die das Gut umgebenden Weinberge, zwischen die Rebstöcke, rupfend und reißend und sich die eben ergatterten Trauben gierig in den Mund steckend. Ich kann gar nicht sagen, wie sehr ich mich in diesem Moment für meine Landsleute schämte.

Da man ja für die Reise soviel Geld bezahlt hatte, meinte man das Recht zu besitzen, jede Regel von Anstand zu ignorieren – sogar die Regel zum Vermeiden von ungewaschenem Obst.

Natürlich wurde bei der anschließenden Verkostung der Wanst – Verzeihung für den Ausdruck, aber es ist der einzig gültige! – so voll wie möglich befüllt mit Wein und Häppchen und dann noch tüchtig nachbestellt. Neigen gab es nicht, ansonsten wären die vermutlich auch noch abgefüllt und eingesteckt worden.

So „beduselt" fuhr man selig und beglückt, etwas für sein Geld bekommen zu haben, zurück ins Hotel.

Vierter Akt

Es kam, wie es kommen musste: Zum Frühstück war auffällig nur eine Handvoll Leute erschienen. Bald stellte sich heraus, es war nicht (nur) der „Kater", es war vor allem der Durchfall. Als klar war, dass heute nicht sehr viele ihr Siebzehn-Prozent-Frühstück einnehmen konnten und wir dies mit der Empfehlung, Tee und Zwieback bereitzuhalten, dem Servierpersonal mitteilten, baute sich neben unserem Tisch ein Mann aus unserer Gruppe auf und verlangte zunächst Auskunft, ob wir eigentlich wüssten, wer er sei. Natürlich wussten wir das, denn neben der Tatsache, dass er Herr Dr. W. hieß, war uns auch schon von Anfang an klar gewesen, dass er der diesmalig mitreisende Stasi-Mann war. In jeder Reisegruppe gab es damals einen Undercover-Staatssicherheits-Offizier, der mit Frau und manchmal auch Kind im Gepäck – unter krampfhaft bemühter Darstellung eines normalen Urlauberehepaares – für die Firma „Horch und Guck" alles mitbehorchte und -beguckte. Neu war, dass der Mann sich hier nun teilweise sogar zu erkennen gab. Er sei, so sprach er, mitnichten nur ein gewöhnlicher Reisegast, sondern außerdem und eigentlich Arzt im Regierungskrankenhaus (sic!), und in seiner Eigenschaft als solcher und kraft der ihm gegebenen Autorität stelle er ab sofort die gesamte Reisegruppe unter Quarantäne. Er fordere uns auf, dies so an die DDR-Botschaft in Bukarest zu melden.

Zack! – klangen in meinem Geist dazu die Stiefelabsätze.

Ob er uns das medizinisch näher erläutern möchte?

Cholera!

Cholera? – Guter Mann, sagten wir, erstens ist dies nicht die Cholera, sondern eine Kombination aus Ignoranz, absolut ungebührlichem Benehmen gegenüber Gastgebern, ungewaschenen Weintrauben, zuviel Wein und ungewohnt glühender Hitze. Zweitens erteile er uns hier keine Befehle. Und drittens seien wir nicht gewillt, uns und die Gäste grundlos – nur wegen seines Geltungsbedürfnisses – wochenlang im Hotel einsperren zu lassen. Und ließen den kleinen Mann mit der hohen Funktion einfach stehen. Das angedrohte Nachspiel haben wir nie erlebt.

Aber endlich hatten unsere Gäste mal 'was für ihr vieles bezahltes Geld, nämlich zwei Tage auf der Toilette und ein erzwungenes Heilfasten ...

Fünfter Akt

Allerdings waren wir in Sachen Alkohol noch nicht durch. Irgendwann am Ende der ersten Woche folgte ein sogenannter Freundschaftsabend, und ich weiß nicht, ob es der vermeintliche Mangel an Nahrungsmitteln war, der unsere Gastgeber so großzügig an Flüssigkeiten auffahren ließ: Neben wirklich genügend Essen gab es pro erwarteter Person eine Flasche Weißwein und eine halbe Flasche Schnaps. Das waren pro Pärchen zwei Flaschen Wein und eine Pulle Hochprozentiges – und selbst für geübte Kampftrinker in dieser Hitze niemals zu schaffen! Da wurde dann eingetütet, was das Zeug hielt, da ja absehbar war, dass man das alles an einem Abend gar nicht trinken konnte. Und als einige Gäste nicht erschienen waren, wurden Ehefrauen mit verdächtig schweren Taschen und Beuteln schon nach Halbstundenfrist unter Vorwänden zurück zum Hotel geschickt ...

Wieder einmal schämte ich mich sehr.

Sechster Akt (kleine Episode am Rande)

Ich wandele so mit meinem Fotoapparat vor mich hin. Da streckt sich in den Sichtraum meiner Augen und meiner Kamera die bis dahin wunderschönste Blüte, die ich in meinem Leben je gesehen habe. Sie rankt herunter von einem Strauch an der Hauswand. Ehrfürchtig fotografiere ich die Blüte. Dann muss ich den Film wechseln, gehe kurz in den Schatten (damals musste man das so machen, liebe jüngere Digital-Generation ...). Als ich wieder zurück bin, ist die Blüte verschwunden. Herr M. spaziert mit über den Hosenbund quellendem Bauchspeck an mir vorüber. Seinen Strandhut ziert die abgerissene Blüte ...

(Seitdem habe ich an anderen Orten noch einige dieser wundervollen Blüten gesehen. Aber bis heute macht mich die Erinnerung an diese Episode wütend.)

Siebenter Akt

Tour ins *Donaudelta*! Dieser Tagesausflug, erst mit dem Bus, dann auf einem Donauschiff und als Höhepunkt mit kleineren Booten durch engere Kanäle, ist eine der Hauptattraktionen und wird im Prospekt unter anderem mit Fotos von Pelikanen beworben. Dementsprechend wird gefragt, ob wir denn wirklich Pelikane sehen werden. Das kann ich nicht garantieren, aber mit einigem Glück ... Natur lässt sich nicht planen. Das sieht Herr M. aber ganz anders. Er und seine Frau regen sich später auf dem Boot auf, dass die Pelikane, die wir wirklich weit vor uns am Ufer sehen, immer wegfliegen, wenn wir zu nahe kommen. Außerdem fühle er sich benachteiligt, weil er im hinteren der zwei Boote sei. Er habe 1300 Mark bezahlt und habe laut Prospekt ein Anrecht, Pelikane zu sehen, andernfalls er das Geld zurückverlangen werde. Mein Argument, die Gäste im ersten Boot hätten genausoviel bezahlt wie er, sieht er nicht ein. Er treibt mich eine halbe Stunde lang so zum Wahnsinn, dass ich ihn am Schluss anschreie, was er denn wolle: ob ich mich vor Eintreffen seines Bootes von hinten durchs Gebüsch an die Pelikane anpirschen und sie mit ihren Füßen auf dem Untergrund festnageln solle?

An diesem Tag habe ich das erste Mal, was man landläufig einen Nervenzusammenbruch nennt.

Achter Akt

Tagestour nach *Varna*. Nach den üblichen täglichen Auseinandersetzungen über die erste Sitzreihe, die Sitzreihe hinter dem Fahrer etc. pp., bei der Ehepaar M. ja nur die Spitze des Eisbergs, die anderen 57 aber keinesfalls wesentlich freundlicher gestimmt sind, geht es endlich los. Wir müssen über die Grenze nach Bulgarien. Dort geht es rauh zu, die Grenzbeamten wollen „geschmiert" sein. Also geben wir ihnen, weil wir ein anspruchsvolles Tagesprogramm haben, Zigaretten, damit es schneller geht. Wir wollen auf dem Rückweg, auch wenn es nicht auf dem Programm steht, noch eine zusätzliche Sehenswürdigkeit anfahren: *Kap Kaliakra*. Nicht so sehr nur für die Touristen, sondern auch für uns, wo wir schon einmal da sind. Also „schmieren" wir auch den Busfahrer und den Übersetzer. Alles sieht gut aus. Bis – nach auffällig intensivem Getuschel – ein paar unserer Touristen, die an der Grenze ausgestiegen waren, eine Information an alle veröffentlichen: Sie wollen aufgeschnappt haben, dass es auf der Strecke nach Varna irgendwo am Wegrand eine Garage geben soll, in der Kisten lagern, in denen sich Ananaskonserven befinden sollen. Sie wissen sogar den Büchsenpreis. Nun gibt es kein Stoppen mehr. Über unseren Kopf hinweg entscheidet die Gruppe: Da fahren wir hin! Dem Fahrer ist es egal, zweimal „geschmiert" fährt es sich besser. Wir sind überstimmt. Reiseleitung adé!

Das Ziel ist anvisiert; einer unserer Gäste geht sogar schon mit einer Liste herum und nimmt für die eingetragenen Bestellungen Geld entgegen, damit's dann an der Garage schneller geht. Die Garage wird auch gefunden, nur ist keiner da. Es wird gewartet. Kostbare Zeit vergeht; wir stehen in der glühenden Sonne und können nichts tun. Wie lange das so ging, weiß ich nicht mehr, vielleicht so ein-, anderthalb Stunden. Dann kommt einer, sperrt auf. Plötzlich wird klar: Es ist nur der Bruchteil der Büchsen vorhanden, die bestellt und im Voraus bezahlt worden waren. Wieder setzt ein Sturm ein: Sie schlagen sich, sie prügeln sich; jeder will die gewünschte Anzahl der bestellten Büchsen für sich, nach dem Motto: „Mir doch egal – Hauptsache ich!" Man zetert, zerrt, streitet; Geld muss zurückerstattet werden, Streit bricht wieder aus ... sie sind völlig von Sinnen!

Irgendwann sind sie wieder im Bus, die kärgliche Ausbeute an Konserven verstaut, das Finanzielle irgendwie auch wieder geregelt. Keiner spricht mehr mit dem Anderen, neue Feindschaften sind entstanden, die Atmosphäre im Bus ist zum Schneiden.

Für Varna reicht's noch; alle steigen aus, gehen in die Stadt. Dreimal haben wir ihnen eingeschärft: Dannunddann *müssen* alle zurück sein, dann werden wir zurückfahren. Dreimal, mit Uhrenvergleich!

Alle sind da, außer zwei. Sie sind nirgendwo zu finden.

Genau eine Stunde später kommen sie zum Bus geschlendert, steigen ein. Kein Wort der Entschuldigung. Schweigend, zu Tode erschöpft und desillusioniert geht es zurück.

An diesem Abend habe ich einen zweiten sogenannten Nervenzusammenbruch.

Und dann kam ...

Neunter Akt, Höhepunkt mit Extra-Überschrift:

Das Erdbeben

Es war eine Nacht Ende August und gegen Ende unseres Aufenthalts. Ich träumte:
Ich war auf einem Schiff. Es war stürmisch und die See war laut. Das Schiff wurde auf den Wellen hin und her geworfen. Der Motor ging unregelmäßig; man hörte eigenartig rollende Geräusche ...
Bis ich langsam zu mir kam. Nur, der Traum hörte nicht auf; das Schiff hob und senkte sich immer noch. Aber diesmal war es mein Bett, und über mir im halbdunklen Raum verschoben sich die Wände unseres Zimmers gegeneinander wie ein zusammengedrückter Pappkarton. Dann klirrte etwas von der Wand. Wahrscheinlich in Zehntelsekunden – vom Empfinden her aber viel langsamer – wurde mir klar: Das hier ist Realität. Das ist ein Erdbeben!
Wie ich später erfuhr, war ich in dieser Sekunde kurz davor, schwer verletzt oder gar getötet zu werden. Denn mein Partner hatte für einen Moment den Impuls, den auf dem freien Einzelbett neben ihm liegenden – vermeintlich leeren – Koffer als Schutz über mich zu werfen. Was er nicht wusste: Der Koffer war nicht leer, sondern angefüllt mit mehr oder weniger schweren Steinen, die ich an den Tagen zuvor am Strand eingesammelt hatte. Hätte mich einer davon am Kopf getroffen, wäre dieser Bericht vielleicht nie geschrieben worden ...
Aber zurück zum Hotel. Das bewegte sich mittlerweile hin und her wie ein Kartenhaus. Wir waren in einem der obersten Stockwerke. Das Licht war ausgefallen. Instinktiv liefen wir auf den Flur.

Das erste, was mir dort auffiel, waren die Rumänen. Sie hatten ihre Kinder in Decken gehüllt, hatten auch so viele Decken wie möglich mit sich genommen, und huschten nun schattengleich die Treppen hinunter. Ganz im Gegensatz dazu sah ich erschreckt Gäste aus unserer Gruppe, die am Lift anstanden. Im Gang baute sich ein Dicker auf, der mir entgegenrief: „Organisiert denn hier keiner was?" Wir riefen allen zu, nur erstmal 'runter; Treppe 'runter und 'raus!

Runter ging es ja noch, bei *Raus* aber war der Spaß zu Ende. Auf einmal standen sie alle im Eingang des Hotels unter einem großen freihängenden Betonvordach und wollten partout nicht weichen. Und warum wollten sie nicht weichen? Ich konnte es nicht fassen: Die Gruppe verlangte ihre Pässe beziehungsweise Personalausweise zurück, die bei der Ankunft im Hotelsafe deponiert worden waren. Während zwei kräftige Männer unsere fußverletzte ältere Dame hastig vom Hotel wegschafften, schrie ich unsere Gäste nun an, sie mögen weglaufen, auf jeden Fall weg von diesem Dach, am besten an einen erhöhten Punkt, man weiß ja nie. Das Wort *Tsunami* kannten wir damals noch nicht, aber das war, was wir instinktiv befürchteten. Aber nein! Meine pflichtbesessenen Deutschen standen unverrückbar und waren bereit, für den Rückerhalt ihres Ausweises das Leben zu riskieren. Da brüllte ich sie an, sterben könnten sie auch ohne Ausweis und man würde sie sicher hinterher auch identifizieren können. Dann brachten wir uns in Sicherheit.

Es gab noch einige schwächere Nachbeben. In Moldavien, wo das Epizentrum lag, starben in dieser Nacht nach offiziellen Angaben zwei Menschen, viele wurden verletzt. Unser Hotel war, wie alle Gebäude ringsum, aufgrund länger zurückliegender Erfahrungen in der Region erdbebensicher gebaut und daher waren alle Wände wieder in ihren Originalzustand zurückgegangen. Lediglich Wand- und Deckenlampen, Gläser und Ähnliches wurden zerstört.

Alle Telefonleitungen waren für mehrere Tage gekappt, was Schlangen an den Postämtern und einige Verzweiflung bei Leuten hervorrief, die unbedingt mit ihren Familien zuhause telefonieren wollten. Das Mobiltelefon war, zumindest in unserem Lebensumfeld, noch nicht erfunden. Ein Tsunami kam nicht. Statt dessen war das Meer am nächsten Tag bewegungslos wie ein bleierner Spiegel – und eiskalt.

Eiskalt reagierte auch der Gebietsrepräsentant unseres Reisebüros. Auf seine Anordnung hin musste ich mich offiziell bei allen Gästen für meine Bemerkung betreffs der Ausweise entschuldigen. Ein Glück, dass ich nicht, wie einst Galilei, auch noch vor aller Welt widerrufen musste, denn ich stehe bis heute zu meiner Aussage: „Man kann auch ohne Pass sterben!"

Zehnter Akt

Unser heiß ersehnter Rückflug war ein Charterflug. Nur unsere Gruppe war in der Maschine. Durch einen bevorstehenden Staatsbesuch des polnischen Ministerpräsidenten in der DDR befand sich der Luftkorridor allerdings kurz vor der Schließung. Wir standen noch in den Reihen, als der Kapitän die Durchsage machte: „Leute, wenn wir *jetzt* nicht fliegen, dann fliegen wir so bald nicht mehr, also alle mal schnell hinsetzen!" Dabei rollte die Maschine schon. Wir kamen gerade noch in die Polster, keine Zeit mehr für's Anschnallen, da rasten wir schon die Startbahn entlang und hoben steil nach oben ab wie eine Rakete.

Einige Reihen vor mir saß Ehepaar M. – sie am Fenster, er am Gang. Aus dem Augenwinkel beobachtete ich, dass er, sobald wir auf Flughöhe waren, mit der Stewardess eine Diskussion anfing. Ich war müde, ich wollte es nicht wissen. Bald würde all dies hier vorbei sein.

Die Diskussion wurde hitziger, die Stewardess ungeduldiger. Es ging um Sitzplätze. Sie bedeutete ihm, er könne sich ja in eine andere Reihe setzen, wenn er am Fenster sitzen wolle, es seien genügend im hinteren Teil der Maschine frei. Dann kam sie zu mir und fragte mich, ob der immer so sei.

„Ja" sagte ich mit einer müde abwinkenden Geste.

Das habe sie noch nie erlebt, meinte sie. Am Fenster sitzen wolle er, aber auch neben seiner Frau, die aber ihrerseits auch einen Fensterplatz beanspruche, und er sagte, er habe ein Recht darauf, weil ...

„... weil er 1300 Mark bezahlt hat!?"

„Ja, genau!" sagte sie. „Ich habe ihm gesagt, noch könnten wir Flugzeuge nicht so konstruieren, dass alle am Fenster sitzen können."

Ich lachte nervös auf.

Sie ging wieder nach vorne. Es gab erneut einen Disput.

Dann sah ich, wie sie auf einmal nach M.s Arm griff und versuchte, ihn daran hochzuziehen. Dabei rief sie sehr laut und leicht hysterisch: „Sie kommen jetzt mit! Ich bringe Sie jetzt zum Kapitän ins Cockpit, und wenn Sie dann noch etwas zu meckern haben, dann ist Ihnen nicht zu helfen!" Mit diesen Worten zerrte sie ihn hinter sich her. (Anmerkung: Es war noch lange hin bis zum 11. September 2001.)

Frau M. schien das Verhalten ihres Mannes und die ganze Szene an dieser Stelle nun doch wirklich ein bisschen peinlich zu sein.

Als M. aus dem Cockpit wiederkam, war er ein wenig bleich im Gesicht, setzte sich zu seiner Frau und sagte nichts mehr. Vielleicht hatte er jetzt genug bekommen für seine 1300 Mark.

Epilog

Da saß ich also im Flugzeug dieses so verlockend nur mit uns bestückten Charterfluges. Vor meinem inneren Auge schwirrten Bussitze und Butterstücke, Weintrauben und Weinflaschen, Cholerawarnungen und Quarantänestationen, geraubte Schnapsflaschen und gekappte Blütenkelche, angenagelte Pelikanfüße und nicht ausreichende Ananaskonserven, herunterstürzende Betondächer, verschüttete Pässe und achtzig Meter lange aber nur drei Meter breite Flugzeuge. Und auf einmal hörte ich mich die oder den Allmächtige/n bitten, mir die Tatsache, dass es Gerechtigkeit irgendwie doch noch gibt, vermittels eines Flugzeugabsturzes zu beweisen.

Gott hat mir diesen Gefallen nicht getan.

„Auf Wiedersehen!" haben wir diesmal *nur* zur Crew und der bezaubernden älteren Dame mit dem gebrochenen Knöchel gesagt.

Ich weiß etwas, was du nicht weißt

Information ist kein Zauberwerk

Als Tochter eines Piloten habe ich in den 1960er und 1970er Jahren nicht nur erlebt, wie Flugzeugpropeller noch mit der Hand angeschoben werden mussten, sondern konnte ganz nebenbei auch ein wenig die Organisation des Flugwesens studieren. Alle Informationen, die zu sämtlichen weltweiten Flugverbindungen nötig waren, wurden jährlich in telefonbuchstarken Katalogen veröffentlicht. Das waren sozusagen die Kursbücher der Lüfte und immer, wenn welche ausrangiert wurden, bekam ich sie zum Spielen. Nun, ich spielte weniger damit als dass ich sie las. Sie bargen ebenso wunderbare Namen geheimnisvoller Orte wie das Senderwahlfenster der damals üblichen Radioempfänger, von dem mir bis heute jenes geheimnisvolle *Beromünster* im Gedächtnis hängengeblieben ist. Das war natürlich im Fluglinienbuch nicht zu finden, dafür jedoch die Wild-West-Stadt *Dodge City*. Dass diese jedoch einen Flughafen besaß, während meine kindliche Seele dort immer noch rauchende Colts vermutete, versetzte mich in eine tiefe Verwunderung.

Solche Massen an Papierkatalogen kann sich die Internet-Generation gar nicht mehr vorstellen, aber eines hat sich in all den Jahren nicht geändert: Wissen ist Macht!

Ich habe es schon immer nicht verstehen können, wenn jemand die Reise in ein Urlaubsgebiet antritt, ohne viel mehr darüber zu wissen, als es der Urlaubsprospekt hergibt. Zumindest einmal sollte man den Atlas aufgeschlagen oder heutzutage das Internet für tiefergehende Informationen bemüht haben.

Und – man soll es kaum für möglich halten – es gibt ja auch schon sehr gute langfristige Wettervorhersagen ...

Dennoch ist es eigentlich ja die Aufgabe des Reisebüroangestellten, beziehungsweise in modernen Zeiten des Internetanbieters, alles Notwendige zu vermitteln. Und wo eigene Kenntnisse fehlen, stehen dem Agenten ja auch hier die entsprechenden Informationsquellen zur Verfügung.

Das war im Prinzip ja schon zu DDR-Zeiten so. Damals belas man sich als Reisevermittler eben in einschlägigen Büchern und Broschüren. Insofern glaube ich, dass die Qualität der Information – heute wie damals – wesentlich von der inneren Einstellung zur Arbeit und vom persönlichen Engagement der Mitarbeiter abhängt.

Dabei kann man sich im Zweifelsfall eben auch *nicht* mit dem Augenschein behelfen. Mangelndes Fachwissen mit anscheinend im Namen des Reiseziels verborgenen Informationen kompensieren zu wollen kann sehr ins Auge gehen. Das belegt ein vor vielen Jahren im DDR-Reisebüro belauschtes Kundengespräch zum Thema Skilaufen in zwei mit ähnlich hohen Schwierigkeitsgraden ausgestatteten Wintersportgebieten der Slovakischen Karpaten.

Hier der Dialog, wie ich mich an ihn erinnere:

Kunde: „Ich möchte zum Skifahren in die Berge. Was können Sie mir denn da anbieten?"

Angestellte: „Ja, da haben wir die Hohe Tatra oder die Niedere Tatra."

Kunde: „Wie hoch sind die Berge da denn so?"

Angestellte: „Das weiß ich jetzt auch nicht. Aber wie gut können Sie denn Ski fahren?"

Kunde: „Noch nicht so gut. Ich bin erst Anfänger."

Angestellte freudig: „Na dann ist doch alles klar! Dann nehmen Sie die Niedere Tatra ..."

Dennoch bleibe ich dabei: Ich halte es wirklich für eine Art Pflicht des Touristen, zumindest so viel Orientierung in Sachen Reiseziel zu haben, um zu wissen, dass man Gletscher nicht mit hochhackigen Riemchenschuhen besteigt, ins Hochgebirge nicht nur dünne Blusen einpackt – und dass im Meer Fische leben.

Und die überseeischen Touristen, die in Pompeji nach Besichtigung der ausgegrabenen Ruinen den Reiseleiter vorsichtshalber noch einmal fragten, wann denn diese Zerstörungen nun passiert seien, im ersten oder im zweiten Weltkrieg, die sind sicher Ausnahmen von der Regel, aber gegeben hat es sie. Dafür verbürgt sich eine meiner Kolleginnen, die jene befragte Reiseleiterin war.

Die Sache mit der Orientierung

Drei Lettern statt vieler Möglichkeiten

Oftmals ist es allerdings gar nicht so klar, *wohin* der Gast eigentlich reisen möchte oder wo er *glaubt*, sich zu befinden. *Katalonien* ist eben nicht *Kefaloniá*, *Hollywood* gibt es nicht nur nahe L.A., und *Berlin* gibt es auch an vielen verschiedenen Orten dieser Welt. Manche Ortsnamen existieren auch gar nicht mehr, wie zum Beispiel das im Sinatra-Song „Come fly with me" so romantisch besungene *Bombay*, beziehungsweise sie werden international – also auf englisch – ganz anders ausgesprochen, zum Beispiel *Peking - Beijing*.

Manchmal gibt es auch babylonische Namensverwirrungen. Ich will das am Beispiel meiner jetzigen Heimatinsel demonstrieren. Ich werde nämlich immer wieder gefragt, wie sie denn nun richtig geschrieben wird. Nun, diese Frage lässt sich nicht wirklich eindeutig beantworten.

Mir sind in historischen Schriften wie in der Neuzeit, in Reiseprospekten wie in Buchungsprogrammen oder auf Webseiten so viele verschiedene Schreibweisen untergekommen, dass ich nicht nur alle mir bekannten Bezeichnungen aufgelistet habe, sondern der Vollständigkeit halber auch noch alle anderen Möglichkeiten, die mir einfielen:

Kefalonia, Kefallonia, Keffalonia, Keffallonia, Kephalonia, Kephallonia, Cefalonia, Cefallonia, Ceffalonia, Ceffallonia, Cephalonia, Cephallonia, Kefalinia, Kefallinia, Keffalinia, Keffallinia, Kephalinia, Kephallinia, Cefalinia, Cefallinia, Ceffalinia, Ceffallinia, Cephalinia, Cephallinia, Kefalenia, Kefallenia, Keffalenia, Keffallenia, Kephalenia, Kephallenia,

Cefalenia, Cefallenia, Ceffalenia, Ceffallenia, Cephalenia, Cephallenia ...

So vielseitig ist die Insel ... und so viele Varianten sind denkbar und sogar zu einem hohen Prozentsatz in Gebrauch. Der eigentliche Grund aber, weshalb ich das hier so lang und breit ausführe, ist folgender: Um über jeden Zweifel erhaben zu sein, wurden für die jeweiligen Airports sogenannte *Three-Letter-Codes – Drei-Buchstaben-Codes –* eingeführt. Somit ist zumindest immer klar, wohin man fliegen möchte. Jeder Flughafen auf der Welt hat einen, und idealerweise haben die Fachfrau beziehungsweise der Fachmann alle im Kopf. Wenn nicht, kann man natürlich nachschauen.

Übrigens: Für Kefaloniá Airport nahe der Hauptstadt Argostóli ist es EFL. Außerdem hört man dieser Tage, dass es eine Einigung hinsichtlich des offiziellen Inselnamens geben soll: Kefalloniá. Aber bis sich das in alle Ecken des Globus herumgesprochen hat ...

Und für Berlin gilt, da diese Zeilen zu Papier gebracht werden, im Reiseverkehrsjargon das Folgende:

Wäre BER[1] schon, wie ursprünglich geplant, fertiggestellt, wäre TXL[2] längst geschlossen. Nun wickeln sowohl TXL als auch SXF[3] die Flüge ab, und so mancher wünscht sich vielleicht sogar THF[4] zurück ...

Wie auch immer: Derzeit ist BER der umweltfreundlichste Flughafen der Welt – weil dort auf absehbare Zeit nicht geflogen wird. Möge es im Interesse der Umwelt noch lange so bleiben.

---

[1] der bislang dauerhaft unvollendete Berlin-Brandenburger Flughafen
[2] Flughafen Berlin-Tegel
[3] Flughafen Berlin-Schönefeld
[4] geschlossener innerstädtischer Flughafen Berlin-Tempelhof

Die Tücke steckt nicht selten im Detail

Beobachtungen in der Praxis Teil I

Ich habe festgestellt, dass es große Unterschiede gibt zwischen den einzelnen Spezies von Touristen. Zum Beispiel leben die See- und die Bergtouristen in der Regel in ganz verschiedenen Welten. Ähnliches habe ich beim Vergleich zwischen Sommer- und Winterreisenden festgestellt.

Und dann sind da ja noch die Kreuzfahrer, die Gott sei Dank heute nicht mehr unter Androhung von Exkommunikation Jerusalem erobern müssen. Dass es hier durchaus auf Details ankommt, wurde mir klar, als ich zu meiner bislang längsten Bootsfahrt einschiffte. Von der Fähre nach Griechenland schaute ich versonnen dem Treiben am Kai von Brihdisi zu, als mir einfiel, dass dieses ja auch der Hafen war, von dem aus Kaiser Friedrich II. von Hohenstaufen dereinst zum Kreuzzug aufbrechen wollte. Wegen eines um sich greifenden Fiebers konnte er dann aber gar nicht erst in See stechen, und seine Truppen wurden dahingerafft. Er selber entkam zwar knapp dem Tod, jedoch wurde er daraufhin vom Papst exkommuniziert. Nun, solche Risiken entstehen für den modernen Kreuzfahrer nicht mehr. Friedrich war eben im falschen Jahrhundert aufgebrochen.

Aber auch das Reiseziel ist nicht ohne Bedeutung – beziehungsweise das, was man sich von ihm verspricht.

Sommer-, See- und Kreuzfahrturlauber wollen in der Regel mehr oder weniger besonnt und unterhalten werden und haben oft eine entsprechende Erwartungshaltung. Die Berg- und die Wintertouristen legen es zumeist auf einen aktiven und eigenständigeren Urlaub an und wissen in der Regel genau, was sie wollen und was es zu beachten gibt.

Mit seinen Erwartungen steht der Tourist sich allerdings oft selbst im Weg. Nach einem Jahr voller Stress, Arbeit und Alltag soll der Urlaub der Höhepunkt des Jahres werden. Plötzlich ist man vierundzwanzig Stunden am Tag, sieben Tage die Woche – oder entsprechend länger, im Extremfall gar für Wochen – mit dem Partner zusammen. Das ist jener Mensch, den man sonst nur stundenweise täglich sieht. Nun ereignet sich das Zusammensein auf engstem Raum (Flugzeug, Bus, Studio oder Hotelzimmer) und manchmal auch ohne Fluchtmöglichkeit (besonders auf Schiffen). Entsprechend angespannt ist bei vielen Paaren die Stimmung.

Als Reiseleiter wird man bei diversen Gelegenheiten immer wieder ungewollt Augen- und Ohrenzeuge dieser Spannungen. Es erinnert an Weihnachten, wo die Realität auch in vielen Fällen der Erwartung nicht standhält. Dabei ist das, was man erwartet, oft gar nicht so genau definierbar.

Bestimmte Ansprüche gehen allerdings in's Konkrete. Reviere werden abgesteckt und markiert (das berühmte Handtuch auf der Liege am Pool), Fronten aufgemacht und Wünsche bis ins Unmachbare überhöht.

Um – wie versprochen – noch einmal auf den weiter vorne erwähnten Fall in Sachen Doppelbett zurückzukommen: Natürlich entschied das Gericht *gegen* die Klage des angeblich in seinen Beischlafgewohnheiten empfindlich eingeschränkten Beschwerdeführers. Er bekam also nicht die erhoffte Rückerstattung in Höhe von zwanzig Prozent des Reisepreises. Tatsächlich bekam er vom Gericht, das sich von der Zweckmäßigkeit der Betten überzeugt hatte, den Hinweis mit dem Hosengürtel und wirklich auch die Bemerkung, letzterer werde ja in dem Moment nicht zu seinem eigentlichen Zweck gebraucht. Einziger Erfolg: Der Mann wurde mit seinem

Gerichtsprozess zum Lehrbeispiel und Präzedenzfall und ging damit in die Annalen des Reiseverkehrsrechts ein.

Nicht nur Reiseleiter und Reiseversicherungsagenten sind mit hochgeschraubten Erwartungen an einen Urlaub konfrontiert, offenbar können auch die Mitarbeiter des Sicherheitspersonals an Flughäfen ein Lied davon singen. Eine kleine Episode, die belegt, was mittlerweile alles für möglich gehalten wird, erlebte ich selber. Es geschah, als ich – in Irland lebend – auf Berlin-Besuch war und dort zum Rückflug eincheckte. Da das Wetter in Irland fast durchgehend trüb und grau ist und ich schon vorher an jahreszeitlicher Depression gelitten hatte, schenkte mir eine Freundin einen Gesichtsbräuner, den sie nicht mehr benutzte. Wir hofften, das Gerät würde mit seinen UV-Strahlen etwas von dem Mangel an Sonnenschein ausgleichen, an dem ich litt. Ich packte das Gerät in's Handgepäck und schob das ganze beim Sicherheits-Check durch die Durchleuchtung. Was ich nicht wusste: Mit mir checkten Gäste eines Fluges an die *Costa del Sol* ein. Natürlich wurde ich herausgewunken und musste die eigenartigen Strukturen erklären, welche die UV-Röhren auf dem Bildschirm hinterließen. Als ich das Gerät vor ihren Augen auspackte, schlug die Sicherheitsbeamtin die Hände über'm Kopf zusammen und rief sichtlich entnervt aus: „So weit ist es schon gekommen, jetzt nehmen die Touristen schon Bräuner mit nach Spanien, falls mal die Sonne nicht scheint ..." Als ich ihr erklärte, ich fliege nach Hause nach Dublin, entschuldigte sie sich dann zwar sehr freundlich; aber mit der Bemerkung, dass es in ihrem Beruf wohl nichts gebe, was nicht denkbar sei.

Sicherheit ist überhaupt so ein Thema.

Ich hatte in DDR-Zeiten, als ich noch mit Reisegruppen ins Ausland flog, einige nicht so lustige Erlebnisse mit den Sicherheitskontrolleuren – und da war es noch Jahrzehnte hin bis zu 9/11 und diversen, heute beinahe „normalen", Terrorbedrohungen.

Schon damals hatte man halt immer einen „Scherzkeks" unter seinen Gästen. Ein Gruppenreisender fühlte sich beispielsweise bemüßigt, bei der Sicherheitskontrolle lauthals zu bemerken, gegen die Pistole in seinem Gepäck werde es ja wohl keinen Einwand geben. Das war´s dann erstmal.

Aber auch weit harmlosere Objekte lösten schon ein gruppenweites „Filzen" beinahe bis auf die Knochen sowie stundenlange Verzögerungen aus, beispielsweise, als ein Passagier während der Abfertigung in einem russischen Flughafen plötzlich herzhaft in einen Apfel biss. Das kommt davon, wenn man die Warnung des Reiseleiters, das Ein- und Ausführen jeglicher Lebensmittel – und besonders Frischobst – sei strengstens verboten, als Jux abtut.

Wie gesagt, man sollte dem Detail Beachtung schenken, damit es sich hinterher nicht als große Tücke entpuppt.

Oft hängt's von einem selber ab

Beobachtungen in der Praxis Teil II

Die Achtung vor dem Urlaubsland, seinen Menschen, die es bevölkernden Pflanzen und Tiere sowie gesellschaftlichen Gegebenheiten sollte selbstverständlich sein. Aber immer wieder begegnen wir auch hier einer bestimmten Anspruchshaltung des Reisenden, der ja für sein Geld etwas sehen und erleben möchte. Genauso unverständlich wie mir das Töten von Haien ist, die sich in australischen Gewässern an Schwimmer heranmachen – welche sich ja nun nachweislich in *deren* Lebensraum gedrängt haben und nicht umgekehrt – ist für mich zum Beispiel die Tatsache, dass manch einer jedes Fetzchen Strand nutzt und dabei auch auf Schildkrötengelege kaum Rücksicht nimmt. Dabei ist die auf Profit angelegte Tourismusindustrie das eine, aber das individuelle Verhalten der Urlauber kann sein Übriges – Gutes oder weniger Gutes – bewirken.

Immer wieder erstaunt es, wieviel Reisenden nicht klar ist, dass im Wasser – selbst in Strandnähe – Fische sind und in Mittelgebirgen Braunbären leben. Man kann einige Urlauber wirklich verschrecken, wenn man als Schnorchler im Flachwasserbereich neben ihnen auftaucht und laut über die Unterwasserwelt schwärmt. Nicht selten reagieren die Leute ungläubig und verängstigt wegen der unerwarteten Tatsache, dass da etwas Lebendiges um ihre Füße herumschwimmt. Aber Spaß beiseite: Wer je auf ein „Petermännchen" oder einen Seeigel getreten ist oder Begegnungen mit Quallen hatte, weiß ein Lied davon zu singen, dass auch kleinere Tiere einen Urlaub nachhaltig beeinträchtigen können. Schon ein Zeckenbiss vor der eigenen Haustür kann ja, wie ich am eigenen Leib erleben musste, im schlimmsten Fall ein Leben dauer- und schmerzhaft verändern.

Das sind mehr oder weniger unvermeidbare Risiken. Jedoch in eine Bärenhöhle in der *Niederen Tatra* einzusteigen oder gar zwecks Foto einer Bärenmutter mit halbwüchsigen Jungen aufzulauern, grenzt an den gleichen Wahnsinn wie die Aktionen jenes Mannes, der zum Fotografieren eines seltenen Mooses an den irischen *Cliffs of Moher* an einem glitschig-nebligen Tag über die Absperrung stieg – und Gott sei Dank nicht abstürzte.

So viel Glück hatte die Frau, die in der *Hohen Tatra* beim Bergwandern im Sommermonat Juni auf einem schmalen Schneefeld ausrutschte, nicht. Sie fiel auf dem wirklich letzten Restchen Schnee vom vergangenen Winter nur zehn Meter tief. Das klingt nicht nach sehr viel, aber die Touristin verletzte sich an einem Felsen so schwer, dass sie nur noch tot geborgen werden konnte. Ihr Mann und die Kinder mussten hilf- und fassungslos zusehen.

Ich gehe davon aus, dass die Frau, die einer unserer Parallelgruppen mit erfahrenem Reiseleiter angehörte, in diesem Fall geeignetes Schuhwerk trug, was ihr aber auch nicht genützt hat. Ich erinnere mich in diesem Zusammenhang auch immer wieder an eine im gleichen Urlaub zu unserer Gruppe gehörende junge Dame. Sie wollte partout nicht einsehen, warum wir sie nicht per Seilbahn auf die *Lomnitzer Spitze* fahren ließen, wo es wegen der Höhe auch im Sommer vereist war. An nackten Beinen trug die Frau die schon weiter vorne erwähnten hochhackigen Riemchenschuhe.

Man sollte also die Gegebenheiten am Urlaubsort kennen, auch Tageslänge und Lichtverhältnisse. Im Süden zum Beispiel kommt die Dunkelheit rasch, die Nacht fällt oftmals beinahe ohne Dämmerungsphase ein; je nachdem, wie weit südlich man sich befindet. Temperaturen können drastisch schwanken. Wetter kann sich abrupt ändern.

Wie man an sein Urlaubsziel gelangt, ist eine Sache der Möglichkeiten, des Geldbeutels sowie des individuellen Geschmacks. Mir persönlich wäre es beispielsweise nichts, mit mehreren Tausend anderen Menschen auf einem schwimmenden Hochhausblock eingesperrt zu sein, die Kleiderordnung vorgeschrieben zu bekommen und nur zu bestimmten Zeiten von Bord gelassen zu werden, um dann den anvisierten Zielort nur an der Oberfläche wahrzunehmen. Aber wem´s gefällt ... Jedoch gebe ich gerne zweierlei zu: Kreuzfahrttouristen sind per se eben *keine* stereotypen Menschen einer bestimmten Alters- oder Interessengrupe, und auch sozial betrachtet finden sich auf den Schiffen heutzutage *nicht* nur die wohlhabenderen Schichten der Bevölkerung.

Jeder, der ein Transportmittel wählt, muss wissen, ob er mit sich und der Umwelt damit im Reinen ist. Natürlich fliegen die meisten Urlauber. Das ist umweltbezogen vielleicht nicht das günstigste, statistisch jedoch immer noch das sicherste Verkehrsmittel. Trotzdem sind wir – auch in Zeiten von *Easy* und *Billig* – noch weit entfernt davon, dass wir das Fliegen wie Busfahren betrachten können. Deshalb sollte man wirklich mit viel zeitlichem Spielraum am Flughafen eintreffen! Es ist immer mit dem Unmöglichen zu rechnen! Wir hatten aufgrund eingefrorener S-Bahn-Gleise stundenlang im Zug festsitzende Fluggäste – fünfhundert Meter vor Einfahrt in den Bahnhof Schönefeld. Und wir erlebten geplatzte Reifen im Zubringerbus auf dem Weg zum Leipziger Flughafen.

Man kann auch im Angesicht von vielen möglichen Unwägbarkeiten und höheren Mächten durchaus selber viel zum Gelingen – oder Verderben – eines Urlaubs beitragen.

Manchmal ist´s auch der Allmächtige

Beobachtungen in der Praxis Teil III

Wenn man nicht mehr von der Tücke des Objekts und auch nicht von Selbstverschulden reden kann, wird oft von „höherer Gewalt" gesprochen, und im englischsprachigen Raum bedienen sich selbst eingefleischte Atheisten der Floskel „Act of God". Ob auch der sturzbetrunkene Busfahrer in der Sowjetunion, der uns durch die Berge zum Rückflug fahren sollte – und für den kein Ersatz in Sicht war – in diese Kategorie fällt, darüber lässt sich diskutieren.

Ich denke hier aber mehr an Naturkatastrophen. Über die Art, wie sich meine Touristen in Rumänien in einer Erdbebensituation verhalten haben, berichtete ich bereits. Nun habe ich ja wieder eine Erdbebenzone um mich herum und mache so meine Beobachtungen. Die Insel Kefaloniá – und mit ihr auch die südlich gelegene Insel Zákinthos – wurde 1953 von einer Serie starker Erdbeben heimgesucht. Dabei wurde beinahe die gesamte Bebauung der größten Insel im Ionischen Meer zerstört und es gab Hunderte Opfer. Natürlich sitzt dieses Trauma auch noch heute tief in den Menschen. Als es Anfang des Jahres 2014 wieder stark bebte und in der zweitgrößten Inselstadt Hunderte Häuser und Straßen zum Teil stark in Mitleidenschaft gezogen wurden, war die Angst wieder ganz präsent. Dank erdbebensicherer Bauten konnten zwar Opfer vermieden werden, aber es wurde einem klargemacht, dass es eben immer wieder passieren kann. Daneben ging natürlich auf der vom Tourismus lebenden Insel die Sorge um, dass eine schlechte Berichterstattung in den Medien ein Desaster für die nächste

Saison nach sich ziehen könnte. Das ist Gott sei Dank nicht eingetreten, aber die Angst trieb auch einige seltsame Blüten.

So wurden natürlich auch Straßen in Mitleidenschaft gezogen, auf denen noch vor der endgültigen Reparatur bald wieder die Rundfahrtbusse fuhren, und am Wegesrand grüßte schon mal ein schiefer Kirchturm. Trotz dieser sichtbaren Schäden bekamen Reiseleiter vom örtlichen Tourveranstalter die Anweisung, am besten die Erdbeben vom Januar gar nicht zu erwähnen; denn wenn eine Katastrophe stattgefunden habe, würde das die Touristen möglicherweise abschrecken. Natürlich ist das Unsinn. Man kann Leuten so etwas nicht vorenthalten. Erstens haben sie ja Augen im Kopf, zweitens hat immer irgendwer irgendetwas gehört oder gelesen und fragt dann lautstark nach, und letztendlich: Die Gäste sind mit dem Kreuzfahrtschiff gekommen! – Schon mal was von der TITANIC gehört?!

Natürlich sollte man also das Ereignis erwähnen. Natürlich sollte man es *nicht* sensationslüstern ausschlachten oder detailreich beschreiben. Man sollte den Touristen aber klarmachen, dass sie sich nicht im Cyberspace befinden, sondern im wirklichen Leben. Und in dem gibt es Erdbeben, Schiffsunglücke und Tsunamis. Punkt.

Die Wahrscheinlichkeit, eine Katastrophe zu erleben, tendiert statistisch immer noch gegen null. Mehr Menschen sterben an Erdnüssen oder im Haushalt beim Fensterputzen ...

Ein deutsches Nachrichtenmagazin schlachtete das Erdbeben 2014 sensationslüstern aus mit einer Schlagzeile, die in etwa lautete, die Kefalonier befürchteten ein Auseinanderbrechen ihrer Insel. Dieser reißerischen Überschrift liegt die Erkenntnis zugrunde, dass die heutige Halbinsel im Südwesten von Kefaloniá vor Tausenden von Jahren ein eigenständiges Eiland war und sich erst langsam durch Anhebung des Meeresbodens und Sedimentation mit der Hauptinsel verbunden hat. Tatsache ist, dass beide Teile geologisch völlig verschieden sind, was auch die unterschiedlichen Effekte des Bebens auf die Gebäude dieser jeweiligen Inselteile erklärt.

Einheimische haben eine ganz praktische und realisische Art, mit den Ereignissen umzugehen. Manchmal haben sie auch einigen Humor. Wie mir berichtet wurde, tauchte irgendwann zu dieser Zeit eine Gruß- beziehungsweise Wunschformel zum Abschied auf. Man wünscht sich hier immer etwas zum Abschied: Gute Reise! Oder: Guten Winter! Nun, die neue Wunschformel hieß: *„Gutes Auseinanderbrechen!"* Ich war zwar nicht dabei und habe es – wie gesagt – aus zweiter Hand, aber ich kann förmlich das verschmitzte Blinzeln in den Augen der sich so Grüßenden sehen!

Und noch einen anderen Effekt hatte das Erdbeben: Die Leute sahen nicht nur das Bedrohliche, sondern auch die positiven Seiten. Die erdbebensicher gebauten Häuser auf dem Hauptteil der Insel haben gehalten. Die Insel ist auch nicht auseinandergebrochen. Und eine Friseurin berichtete, ihr Salon hätte nach den Beben die beste Saison seines Bestehens gehabt! Wenn man schon nichts gegen Naturgewalten machen kann: Eine neue Frisur passt immer ... und sie hilft beim Stressabbau!

Das nenne ich praktische Katastrophenverarbeitung!

Eine Frage

Sind wir nicht alle Ausländer?

Es ist schön zu sehen, dass auch in Zeiten von Terroranschlägen und kriegsbedingten Völkerwanderungen noch gereist wird. Auch wenn es Leute gibt, die einer Zuwanderung von Menschen aus anderen Ländern in „ihr" jeweiliges Land kritisch gegenüberstehen, so finden sie doch nichts dabei, in „Aus"-ländern Erholung zu suchen. Das ist gut, denn wie ich schon eingangs bemerkte, kann man eine Weltanschauung nur durch Anschauung der Welt erwerben – und vielleicht sogar revidieren.

In meinem ersten Buch hatte ich am Beispiel meiner eigenen Familiengeschichte darüber geschrieben, wie vielfältig und international es werden kann, wenn man in seiner Ahnengalerie nur einige Generationen zurückgeht. Ich vermute, dass ich damit beiweitem nicht alleine dastehe; es wird, sofern man beispielsweise nicht tief im Regenwald aufgewachsen ist, die allermeisten Menschen betreffen. Mein ganz persönliches Gedankenexperiment zum Thema ist folgendes: Ausgehend von der Tatsache, dass jeder Mensch zwei Eltern hat, muss sich die Zahl der Vorfahren eines jeden heutigen Zeitgenossen um das Jahr 1270 herum mit der Zahl der geschätzten Weltbevölkerung gedeckt haben. Das hieße, dass wir alle die selben Ahnen haben.

Wie auch immer: Die Welt ist kein Schrank mit Schubladen. Nicht nur im „eigenen" Land müssen wir uns auseinandersetzen mit den vermeintlich „Anderen", den „Fremden". Und in anderen Ländern treffen wir ja sogar beabsichtigt auf das Andere, Fremde – das bei näherer Betrachtung gar nicht so exotisch oder „ausländisch" ist.

Wenn wir reisen, kann es sein, dass wir wissentlich oder unwissentlich in den Menschen vor Ort unserer eigenen Geschichte begegnen – nicht nur im Großen, sondern auch ganz oft im Kleinen, Persönlichen.

Ist das nicht ein Gedanke, den jeder mit im Reisegepäck haben sollte?

Erwartungen

Zwischen Erfüllung und Enttäuschung

Was es auch sein mag: Haben die Leute erst einmal ihr Herz an etwas gehängt, dann werden sie nicht müde, es auch zu suchen – und sei es in den am wenigsten erfolgversprechenden Situationen, zu unmöglichen Zeiten oder an gänzlich ungeeigneten Orten. Die Kraft von Vorstellung, Wunsch und Erwartung ist einfach übermächtig. Und manchmal suchen wir in den Dingen auch eine vermeintliche Logik.

Eine recht abstrakte Suche begegnete mir im irischen Westen, wo die Gäste einer Reisegruppe – natürlicherweise, würde fast jeder sagen – in der Stadt *Limerick* die Wiege der gleichnamigen literarischen Gedichtform vermuteten.

Nun, natürlich dachte ein jeder, der *Limerick* käme aus *Limerick*. Aber als wir die Limericker Bevölkerug auf die Dichtform hin ansprachen, erneten wir nur unverständige Blicke und Schulterzucken. Soviel zum berühmten Augenschein, so kann man sich also irren ...

Aber meist sind es doch handfestere Dinge, an die meine Gäste sich klammerten.

Eine ältere Dame aus der Türkei wollte die griechische Insel auf keinen Fall ohne eine Flasche *Mastícha* verlassen, einen Likör, dessen Geschmack vom Harz des Mastix-Baumes bestimmt wird. Nicht jedermanns Sache; die Dame jedoch ließ nicht locker, bis der türkische Dolmetscher und ich einen Laden aufgetan hatten, in dem es vor dem Beginn der eigentlichen Tourismussaison ganze drei Flaschen dieses Getränks gab. Und die Lady bekam ihren Wunsch erfüllt.

Hier zeigt sich nun exemplarisch, wie vorher nicht vorhanden gewesene Bedürfnisse geweckt werden: Jetzt wollten auch alle anderen der Gruppe, die der Wunschbefriedigung der alten Dame beigewohnt hatten, eine Flasche für sich. Das Ergebnis war Frustration auf gleich drei Seiten: bei den verdutzten Kunden des sonst ruhigen Supermarktes, die plötzlich Zeuge eines Sturms auf's Schnapsregal wurden; dann natürlich bei denjenigen, die keine Flasche abbekamen; am meisten aber beim Ladenbesitzer selber, dem ein gutes Geschäft entgangen war, weil er seine Vorräte noch nicht auf Saisonniveau aufgestockt hatte.

Des einen Freud' – des anderen Leid ...

Ein anderer Teil der Gruppe, diesmal Südafrikaner, lechzte nach einem guten *Gyros*. Immerzu das Kreuzfahrtschiff-Essen war auch nicht optimal, und die gebuchten Rundfahrten an Land boten meist wenig Zeit für kulinarische Expeditionen. So zeigten wir Reiseleiter ihnen günstige und schnelle, aber vor allem gute lokale Imbissläden. Das führte zu zufrieden kauenden Reisegästen, jedoch auch zu entnervten Busfahrern, die erfolglos auf die Vignetten am Eingang der Busse verwiesen, auf denen Eis, Brause und Gyros eindeutig durchgekreuzt waren ...

Da Tourenzeitpläne – besonders für Gäste von Kreuzfahrten – stets knapp bemessen sind, ist oft gar keine Zeit für Einkäufe oder die Jagd nach Speziellem. Entweder, man geht individuell an Land und kauft ein, sieht dann aber vom angelaufenen Etappenziel nicht viel, oder man geht auf Rundfahrt und entbehrt den Einkauf, beziehungsweise wird neben den Sehenswürdigkeiten durch übertreuerte Allerwelts-Souvenirläden geschleust. So hatten auch zwei Damen aus der Schweiz keine Chance, nach den speziellen kleinen *Weihrauchkohlen* zu fahnden, von denen – so ließen die häufigen Nachfragen ahnen – offenbar ihr ganzes Glück abhing.

Ein Österreicher hatte ein etwas idealistischeres Ziel, denn er fragte an, ob wir irgendwie an einem Strand vorbeikämen, was ich verneinen musste. Er habe gehört, so sagte er, dass es an den hiesigen Stränden an einigen wenigen versteckten Stellen eine ganz bestimmte Art des *Meerfenchels* geben soll, und den wolle er mit seinem Fotoapparat einfangen. Sein Problem – so führte er aus – sei, dass er eine Webseite mit dieser Art Wildpflanzen betreibe, auf der beinahe alle Pflanzenfotos aus seiner Kamera stammten. Lediglich der Meerfenchel sei ihm persönlich noch nicht vor die Linse geraten und so wolle er jetzt diesen offensichtlichen Makel, nämlich ein aus dem Internet heruntergeladenes Fremd-Bild verwenden zu müssen, ausbügeln.

Ich stellte mir vor – nur mal theoretisch, wären wir an diesem Strand *vorbei*gekommen und hätte der Herrgott in diesem Moment Zeit über uns ausgeschüttet – was das geworden wäre: ein Bus voller Menschen, die einem einzelnen Pflanzenenthusiasten dabei zuschauen, wie der mit der Kamera im Anschlag die Felsen nach dem Meerfenchel absucht. Dann sagte ich kurz und eindeutig: „Nein!" – „Aber ...", er tat mir nun doch ein wenig leid in seiner Not, „ich verspreche Ihnen, wenn ich jemals dem Fenchel am Strand begegne, fotografiere ich ihn an Ihrer statt – sozusagen als Ihre Agentin – und schicke Ihnen das Bild per E-mail". Da lächelte er wieder, dankbar. Manchmal ist es so leicht, einem Menschen eine Freude zu machen.

Dem Fass die Krone ins Gesicht schlug allerdings jene Kreuzfahrt-Touristin im Rundfahrtbus, der ein in die Tour integrierter *Badestopp* von einer Stunde nicht ausreichte. Bevor die Gäste den Bus für eine Erfrischung im kühlen Nass verlassen konnten, stand sie auf und deklarierte, dass sie länger bleiben wolle, weil es sich für eine Stunde gar nicht erst lohne, den Bikini anzuziehen. Es war dreizehn Uhr, der Bus musste um fünfzehn Uhr wieder am Schiff sein, das Schiff selber legte aber erst am Abend wieder ab. Das war Grund genug für sie zu verlangen, der Bus – und mit ihm alle anderen Gäste – mögen solange warten, bis sie ihren Badebedarf befriedigt hatte. Mein Hinweis, der Bus sei nur bis fünfzehn Uhr gemietet und der Fahrer habe danach andere Touren und Transfers, wischte sie mit einer ruppigen

Handbewegung weg. Nun stand sie im Gang und sah aus, als wolle sie eine Revolution ausrufen. Sie werde mich verklagen, schrie sie, und ich werde noch von ihr hören. Selbst das Beschwichtigen und Kopfschütteln der anderen Gäste konnte sie nicht mehr aus ihrer Wut herausholen.

Das sind dann so Momente, wo man denkt „Wo ist die versteckte Kamera?" Es kann doch nicht sein, dass ein erwachsener Mensch so etwas nicht einsieht!

Nun hatte ich aber auch einschlägige Dokumentationen im Fernsehen gesehen, in denen Fluggäste, die zu spät kamen, wütend und das Personal beschimpfend verlangten, man möge das noch nicht gestartete Flugzeug wieder zum Flugsteig zurückbeordern, damit sie noch schnell einsteigen könnten. Und diese Fälle sind keineswegs selten.

Also bleibt man ruhig und sieht, wie sich die Dinge entwickeln. Und richtig: Die Furie aus dem Bus zog nun doch ihren Bikini an, ging ins Wasser und kam dann nach fünfzehn Minuten wieder heraus, um die restliche Zeit am Strand zu sitzen und mit ihrem Mobiltelefon zu spielen. Entschuldigt hat sie sich nicht; allerdings fragte sie mich, ob sie mir irgendetwas vom Kiosk mitbringen könne. Ich habe freundlich und dankend verneint.

Ein nicht endenwollender Quell für Urlauberfrust sind a) falsche Informationen und b) falsches Lesen richtiger Informationen.

Ein häufig auftretendes Problem für die Reiseleiter von Tagestouristen auf der Insel Kefaloniá ist immer wieder die Frage: „Wann sehen wir denn nun die *Meeresschildkröten*?" Sie hätten eine Tour mit Besichtigung dieser seltenen und geschützten Wasserbewohner gebucht. Dabei ist das schon von der Sache her gar nicht ohne Weiteres möglich.

Die Unechte Karettschildkröte kommt erst mit dem Beginn des Sommers für einige Wochen zur Vermehrung in die Lagune sowie an einige abgelegenere Strände im Süden der Insel; meist, wenn dort auch Fischerboote anlegen. Dort kann man sie dann mit einigem Glück auch sehen. Nicht aber an den frequentierten Touristenstränden oder außerhalb dieser Zeit.

Was die Touristen gelesen – und für sich interpretiert – haben, war das Faltblatt zur Kreuzfahrt, in dem es sinngemäß hieß: „Wir ankern in einer zwischen Bergen gelegenen Bucht, wo auch die Unechte Karettschildkröte zu finden ist ...".

Viel schlimmer aber ist es, wenn die Tourunternehmen über ihre Prospekte wirklich falsche Informationen verbreiten. Ich weiß nicht, wie oft ich schon in Argostóli von Tagestouristen gefragt worden bin, wo es zum Strand geht. Es gibt keinen Strand, den man in vernünftiger Zeit zu Fuß von der Hauptstadt aus erreichen könnte. Manche Kreuzfahrtinformationen, die mir gezeigt wurden, behaupten das jedoch.

Wie übrigens auch bei Restaurants mit Speisekarten in unterschiedlichen Sprachen, ist mir nicht klar, warum ein so großes Unternehmen wie ein Schiffsreiseveranstalter nicht jemanden mit Sach-, Sprach- und Ortskenntnis über die Prospekte schauen lässt, bevor sie in Druck gehen. Das ist nun wirklich keine Wissenschaft und würde von wirklicher Professionalität zeugen.

Klick-klack und beep!

Was kümmern uns die Regeln?

Niemand hat uns die Idiotie unseres eigenen Verhaltens – zum Beispiel im Flugzeug – so deutlich vor Augen geführt wie der allseits verehrte Loriot. Aber hat es etwas genützt?

Manchmal, wenn ich so meine Mitreisenden studiere, denke ich an einen flapsigen Ausspruch, den ich mal irgendwo gehört oder gelesen habe: „So richtig bescheuert zu sein lohnt sich nicht mehr – die Konkurrenz ist zu groß."

Wer kennt die Situation nicht: Das Flugzeug hat noch nicht alle Räder auf dem Boden, die Flugbegleitung macht gerade die bekannte Ansage „Bitte bleiben Sie noch angeschnallt ... bitte stellen Sie Ihre Mobiltelefone erst an ... wenn das Flugzeug seine Parkposition erreicht hat ...", da hört man schon von allen Plätzen „klick-klack" und „beep" – das Öffnen der Sicherheitsgurte und das Einschalten der „Handys". Erste Menschen springen auf und öffnen schon die Gepäckbehälter. Und dann stehen sie ... und stehen ... und stehen ... bis endlich, vielleicht erst nach zehn Minuten, die Türen aufgehen.

Was ist das nur? Welcher Impuls im Menschen sorgt dafür, dass sie vor dem Flug und trotz – im Normalfall – Sitzplatzreservierung nicht schnell genug in den „Flieger" kommen können und danach nicht schnell genug wieder 'raus?

Man wünscht sich doch gut geschultes Personal und die Einhaltung aller Sicherheitsvorschriften. Wenn wir aber dazu aufgefordert sind, eben diesen Anweisungen aus qualifiziertem Mund Folge zu leisten, versagen wir als Fluggäste.

Am meisten amüsiert es mich, wenn die um mich herumstehenden – meist frustrierten, weil am Ausstieg gehinderten – Wartenden mich oftmals mit einem gewissen Ärger mustern. Denn ich sitze ruhig da und lasse mich bewusst nicht anstecken von dem Massenwahn, werde aber angeschaut, als sei ich persönlich der Grund für die Verzögerung.

Probieren Sie es mal aus: Seien Sie im Flugzeug vor dem Aussteigen die Ruhe selbst! Was ich hier beschrieben habe, wird Ihnen ebenfalls auffallen; vor allem aber wird es Sie amüsieren – und Ihre Nerven schont es auch ...

Rundfahrten

... neudeutsch: Sightseeing

Der Beruf des „Sightseeing-Guide" hat einen bestimmten Nimbus, so wie zum Beispiel Stewardess oder Foto-Model. Man wird gesehen, wie man vorne im Bus neben dem Fahrer sitzt, lässig das Mikrofon in der Hand, und „ein bisschen was erklärt". Eigentlich ein Traumberuf – und natürlich ein Trugschluss.

Denn genau so, wie man beim Model das frühe Aufstehen, den Drill und die Diäten nicht mitbekommt und bei der Stewardess nicht die grantigen Fluggäste und beschmutzte Sitze, so ist auch die eigentliche Arbeit des Reiseleiters nicht sichtbar. Denn abgesehen von der Tatsache, dass er im Idealfall schon seinen Stoff „draufhaben" und nebenbei die Gruppe zusammenhalten muss, hat er ein ganz gewaltiges Pensum an Sprecharbeit zu leisten, welches dem eines Schauspielers nicht unähnlich ist. In gewisser Weise sollte man sein Sprechorgan bei Dauerbetrieb auch entsprechend geschult haben und pflegen, wie es Schauspieler oder Opernsänger tun. Denn meist kommt ja noch hinzu, dass man die sprechende Tätigkeit bei jedem Wetter, in verschiedenen Klimazonen und abwechselnd drinnen und draußen verrichtet. Nicht zu reden davon, dass es auch eines gewissen Improvisationstalents bedarf, wenn etwas Unerwartetes auftaucht – und manchmal Nerven.

Allerdings – diesen Einschub kann ich mir hier nicht verkneifen – haben mir oft nicht Wissen oder Finesse entschieden weitergeholfen, sondern einfachste Hilfsmittel wie Klebeband, Halstabletten oder Ingwerstäbchen. Mein immer mitgeführtes Klebeband half und hilft nicht nur gegen nichtklebende Briefmarken oder schlecht gummierte Briefumschläge; im

Reisebus ist es ebenso vielseitig einsetzbar, beispielsweise gegen nicht verschließbare Luftgebläse oder um wehende Gardinen zurückzuhalten. Ingwer gegen Reisekrankheit ist ein altes Hausmittel, und die Halstablette hat nicht nur mir, sondern oft auch hustenden Gästen geholfen. Soviel zum praktischen Teil.

Aber auch die Theorie darf nicht vernachlässigt werden. Jede Tour sollte einen inhaltlich strukturierten Aufbau haben, der sich aus der Streckenführung ergibt und eine gewisse Logik und einen Spannungsanstieg verfolgt. Somit ist also der Tourismusarbeiter auch nebenbei noch soetwas wie ein Dramaturg.

Wohl gemerkt, ich rede hier von professionellen Reiseleitern und Stadtbilderklärern. Man kann aber auch Anderes erleben. Als die Mauer gefallen war und wir uns endlich in der gesamten Hauptstadt Berlin frei bewegen konnten, war ich eine der Ersten, die die freie Fahrt auf allen Westbussen im eisigen Winter 1989/90 dazu nutzten, sich den für DDR-Bürger völlig weißen Flecken West-Berlin anzusehen und stadtrundfahrtmäßig zu erarbeiten. Die großen Unternehmen von Ku´Damm und Fasanenstraße waren nicht abgeneigt, uns Ost-Stadtbilderklärer auf den nunmehr Gesamt-Berlin-Touren einzusetzen.

Zu diesem Zweck wurden wir zu einer Sonder-Stadtrundfahrt durch den Westteil der Stadt eingeladen, die von einem freien Mitarbeiter der betreffenden Firma geführt wurde. Wie sich herausstellte, war das ein Student, der sich mit Hilfe dieses Nebenjobs sein Taschengeld verdiente.

Spätestens als wir durch Westend fuhren, wo der junge Mann groß und breit erklärte, wo ein berühmter Boxer mit seiner Schauspieler-Ehefrau gewohnt hatte, und nachdem wir schon im Grunewald die Wohnhäuser diverser Showgrößen gezeigt bekommen hatten, wagte ich ihn bei der Vorbeifahrt an einem alten, interessanten Backsteinbau zu fragen, was das denn wohl sei. Die Frage traf ihn völlig unerwartet, und er murmelte etwas wie „irgendein Wasserwerk oder so ...". Selbst zu den größeren

Sehenswürdigkeiten gab es meist nur die Namen und kaum Hintergrundinformation. Da wurde mir klar, dass die DDR uns eine wirklich fundierte fachliche Ausbildung geboten hatte. Man sollte Reiseleitung niemals als Nebenjob geringschätzen.

Das gilt auch für die Reiseleitung in anderen Ländern. Nach Aussage vieler Touristen und meinen eigenen Erfahrungen müssten Kollegen in weit südlicheren Gefilden gelegentlich daran erinnert werden, dass es gewisse Regeln gibt, die logisch sind und doch oft nicht beachtet werden. Das ist dann zum Nachteil der Reisegäste, denen man ja schließlich verpflichtet ist, das Beste abzuliefern und alles zu tun, damit sie mit bleibenden Erinnerungen und dem einen oder anderen neuen Eindruck wieder nach Hause fahren.

Als erstes müsste man fordern, was selbstverständlich sein sollte, nämlich immer das zu erklären, was man auch sieht; also Sehenswürdigkeiten, Gebäude, Landschaft und unmittelbare historische Bezüge. Es nützt nichts, wenn man auf etwas eingeht, das schon vor fünf Minuten hinter der letzten Biegung verschwunden ist. Hat man erst einmal das Objekt benannt und erklärt, kann man bei Bedarf oder aus aktuellem Zeitmangel jederzeit wieder darauf zurückkommen, wenn man noch etwas vergessen haben sollte. Niemals aber sollte man an einem interessanten Platz sein und dabei über einen ganz anderen Platz reden!

Wenn nichts Besonderes zu sehen ist, schlägt die Zeit der Hintergrundinformation und der Statistik. Denn Größe der Stadt oder Insel, Höhe der Berge, Länge aller Strände oder Bevölkerungszahlen müssen nicht unbedingt immer am Anfang stehen. Aber Vorsicht: Man sollte die Leute nicht mit Statistik erschlagen! Lieber die wenigen wirklich nötigen Angaben locker in den Vortrag einfließen lassen, und zwar an Stellen, wo es jeweils passt. Auch bieten sich anstelle konkreter Zahlen Vereinfachungen an, zum Beispiel: „Etwa dreißigtausend

Einwohner leben hier, ein Drittel davon in der Hauptstadt." oder „Der heilige Omsimos lebte vor zirka 450 Jahren." Die konkreten Zahlen zu solchen Sachverhalten lassen sich bei Bedarf im Reiseführer oder im Internet nachlesen. Im Reisebus und unter den vielen neuen Eindrücken sind sie nach etwa drei Sekunden wieder aus dem Gedächtnis der Gäste entschwunden. Dennoch sollte man sie natürlich im Hinterkopf haben, denn immer hat man Leute, die es genau wissen wollen und auch nachfragen.

Es ist stets ein Problem, über Dinge zu reden, die man nicht sieht oder auslassen muss. Diese sollten, wie auch andere Angaben zum Beispiel zur Historie, dort eingeflochten werden, wo es sich anbietet und auf der Tour optische „Durststrecken" entstehen, zum Beispiel auf langen eintönigen Abschnitten. Dort können auch mal kleine Anekdoten einfließen.

Bei all dem: Immer flexibel bleiben und auch mal improvisieren. Keiner der vielen Tausend Touristen, die ich in meinem Leben betreuen durfte, wollte noch weiter etwas über die Wurzeln der altgriechischen Sprache hören, wenn plötzlich eine Herde Ziegen den Bus an der Weiterfahrt hinderte.

Ein wesentlicher Aspekt der Arbeit ist allerdings die Sprache. Denn Babylon ist überall, und speziell in diesem Beruf erlebt man oft das nach dieser Stadt benannte Sprachengewirr – ja, man lebt es geradezu.

Natürlich ist es am besten, wenn man selber mehrere Sprachen spricht. Anderenfalls sollte man hoffen, einen guten Dolmetscher an die Seite zu bekommen.

Ein besonderes Problem stellen mehrsprachige Rundfahrt-Gruppen dar. Beliebt sind daher jene Reiseleiter, die die verlangten Sprachen in ihrer Person vereinen und bi- oder sogar trilingual arbeiten können. Ich hatte das zweifelhafte Vergnügen in Berlin mit deutsch-englisch-spanischen Touren und war später froh, nur noch deutsch-englisch arbeiten zu müssen, denn bei drei

Sprachen kann man wirklich nur noch die wichtigsten Informationen geben und macht sich ziemlich kaputt.

Dennoch hat mir das zweisprachige Arbeiten mit zunehmender Erfahrung immer weniger ausgemacht, denn ein wichtiger positiver Aspekt war erfüllt: Ich konnte mir, trotz höherem Stressfaktor, meine Fahrt selber gestalten und hatte die Tour stets thematisch in der Hand.

Aber man spricht eben nicht in allen Zungen, und da ist dann noch die bei allen Reiseleitern so gefürchtete Co-Moderation, also das parallele Arbeiten mit einem anderssprachigen Kollegen.

Dass das nicht gut gehen kann, ist klar, denn man hat ja hier keinen bloßen Dolmetscher an seiner Seite, der eins zu eins das Vorgesagte übersetzt, sondern jemanden, der „seinen" Gästen natürlich das selbe volle Programm bieten möchte wie ich „meinen" Gästen. Und der hat natürlich sein eigenes Drehbuch und ist es gewohnt, in seinem „Film" Regie zu führen und auch die Hauptrolle zu spielen. Es ist ein Zusammentreffen der Egos! Ein Kampf der Diven! Und: ein ständiges Rangeln um's Mikrofon!

Abgesehen von einigen wenigen angenehmen Ausnahmen, in denen die Zusammenarbeit sehr fair verlief, war es in den allermeisten Fällen ein Horror. Dieser Horror verstärkte sich in der Regel noch, wenn der Kollege oder die Kollegin einer Nation angehörte, die für Überschwang und Feuer bekannt ist, also aus einem Land südlich der Alpen oder der Pyrenäen oder vom Balkan kam.

Dem Südländer gehen schon naturgemäß ständig die erzählerischen Pferde durch; seine Rundfahrt gleitet sozusagen auf einem unversiegbaren Erzählstrom dahin, der mit zunehmender Außentemperatur, steigender Begeisterung und vergehender Zeit stetig anschwillt. Diesen regelmäßig zu stoppen oder auch nur ein wenig abzubremsen, um auch zu Wort zu kommen, ist eigentlich unmöglich. Gerade das muss man als englisch- oder deutschsprachiger Kollege an der Seite eines solchen begnadeten Vortragskünstlers aber unentwegt tun, um nicht zu riskieren, dass die entsprechend sprachlich unterversorgten Reisenden sich später zu Recht beschweren.

Zudem waren es nicht immer wirklich wichtige Informationen, über die meine Mit-Moderatoren sich ausließen. Oft sprach der Co-Reiseführer über zeitlich oder geografisch ausgesprochen fern liegende Dinge, während ich ihn ständig von hinten oder von der Seite in die Rippen knuffte. Also über die Steinzeit etwa, wenn wir gerade an einer bedeutenden Kirche vorbeifuhren, oder über Rom, während wir in Athen waren ... und einmal bekam ich geschlagene zwanzig Minuten das Mikrofon nicht, weil meine italienische Kollegin die landestypischen Kochrezepte repetierte – und zwar mit Zutaten, Mengenangaben und Backtemperaturen.

Da nützt dann die Tatsache, nur in einer Sprache erzählen zu müssen, gar nichts, denn am Abend eines solchen Tages ist man wirklich fertig. Und der „Glamour", ein Reiseleiter zu sein, ist irgendwo unterwegs verlorengegangen.

Es gibt aber auch einen großen Gewinn, denn man lernt immer noch etwas dazu. So hatte ich einmal das Vergnügen, auf einer englischen Tour einen für fünfzehn türkische Gäste zuständigen Dolmetscher an meiner Seite zu haben. Plötzlich sagte der so nette und bescheidene junge Mann immer wieder mit lächelndem Gesicht etwas, das zumindest so klang wie ein im Englischen ziemlich ruppiges Wort, nämlich „Shut up!" – also, freundlich übersetzt: „Halt' die Klappe!" Ich war erstaunt, lernte dann aber, dass das mir unbekannte türkische Wort *şarap* nichts anderes hieß als „Wein". Wir waren auf dem Weg zu einer Weinverkostung.

An dieser Stelle möchte ich noch kurz etwas sagen über Automatismen. Wenn man über einen langen Zeitraum zweisprachig arbeitet, dann ist es relativ schwierig, das abzuschalten. Bekommt man eine Tour in nur einer Sprache, kann es passieren, dass plötzlich die alte Routine einsetzt und man seine Ausführungen unvermittelt in der nicht benötigten Sprache macht. Man merkt das an deutlicher Unruhe und Gekicher, und dann hört man sich selber zu – ungläubig, wie das jetzt passieren konnte.

Besonders schlimm hatte es aber einmal eine meiner Kolleginnen erwischt. Die arme Frau hatte einen jener Tage im Ost-Berliner Rundfahrtgeschäft erlebt, an denen man seinen Beruf verflucht, weil das Wort „Rund"fahrt wirklich wörtlich zu nehmen ist. Möglicherweise hatte sie vier, fünf „Kleine Rundfahrten" zu absolvieren gehabt – also jedesmal nur eine Stunde durch's Stadtzentrum, quasi wie im Karussell ohne Ende den ganzen Tag 'rum um den Fernsehturm. Am Abend eines solchen Tages ist man sozusagen auf Autopilot. So wunderte es mich also gar nicht, als sie am nächsten Tag erzählte, sie habe bei der Heimfahrt mit den öffentlichen Verkehrsmitteln erst gar nicht mitbekommen, warum der Fahrer und alle Fahrgäste im vollbesetzten Bus sie plötzlich entgeistert und mit offenen Mündern anstarrten. Der Vorgang des Einsteigens hatte nämlich, von ihr völlig unbemerkt, den Automatismus wieder in Gang gesetzt. Und so hatte sie, statt ihr Monatsticket vorzuzeigen, laut und vernehmlich gesagt: „Guten Tag, meine Damen und Herren, ich begrüße Sie im Namen des Reisebüros recht herzlich hier zu unserer Rundfahrt. Mein Name ist soundso, und unser Fahrer heute ist ... äh ..." – eine geradezu Loriot'sche Situation.

Das passiert einem leichter als man glaubt, und es belegt, wie nervig der Beruf sein kann. Und trotzdem ist er immer auch – wunderschön!

Elbe inwendig

Ein etwas anderer Urlaub

Die DDR in ihrer Widersprüchlichkeit brachte einige wirkliche paradoxe Dinge hervor. Eines davon war die Tatsache, dass es in einem Staat, der behauptete, dass alles dem Volk gehört, Gewerkschaften gab. Man war also als Arbeiter oder Angestellter quasi bei sich selbst angestellt und dennoch vom Staat beinahe gezwungen, einer Gewerkschaft beizutreten. Natürlich diente das im Grunde der Kontrolle der Menschen, aber es hatte auch sein Gutes. Denn wenn es hart auf hart kam, konnte es schon passieren, dass man bei Auseinandersetzungen mit Vorgesetzten vor dem Arbeitsgericht durchaus Hilfe von der Gewerkschaft bekam. Ich habe es selber erlebt. Aber davon will ich hier *nicht* berichten.

Die Gewerkschaft – und hier der Freie Deutsche Gewerkschaftsbund (FDGB) – hatte nämlich noch eine andere Aufgabe: die Verteilung von begehrten Urlaubsreisen. Insbesondere für kostengünstige Ferienplätze innerhalb des Landes, beispielsweise an der Ostsee oder in den Mittelgebirgen, musste man eine FDGB-Zuweisung haben.

Im Jahr 1979 bekam ich eine solche Reise ins Elbsandsteingebirge. Ich war eine junge Frau und fuhr allein. Der Haken an der Sache war, dass ich mir mein Zimmer im Ferienheim mit zwei anderen Frauen im mittleren Alter teilen musste. Aber das eigentliche Problem – man mag es kaum glauben – war, dass es für das Zimmer nur einen Schlüssel gab.

Natürlich war Ärger vorprogrammiert. Während sich meine Mitschläferinnen nach dem Abendessen, so gegen zwanzig bis einundzwanzig Uhr, in die Betten verzogen, wollte ich natürlich abends noch ausgehen. Am ersten Tag holte ich die Damen mit meinem Begehr um Einlass noch aus dem Bett, am zweiten Abend war nach 22 Uhr sogar das gesamte Heim verschlossen und ich verbrachte die Sommernacht auf der Außentreppe.

Nach dieser Erfahrung bestieg ich am Morgen des dritten Tages frierend und ratlos ein Boot, genau gesagt einen Dampfer. Man muss mir die Strapazen der Nacht und meinen Missmut angesehen haben, denn als ich in der nebligen Morgenkühle auf dem Deck saß und eine Tasse Kaffee nach der anderen schlürfte, setzte sich der nach oben gekommene Maschinist zu mir und begann, sich mit mir zu unterhalten.

Er war ein netter Kerl – und, wie sich später herausstellte, ein anständiger dazu. Ich musste das gleich gespürt haben, denn ich erzählte ihm von meinem Kummer. Irgendwie mochten wir uns auf Anhieb.

Gegen Ende dieser Tour auf dem Wasser kam er zu mir mit einer genialen Idee. Auf dem Schiff war eine Mannschaftskabine unbelegt. Er hatte mit dem Kapitän geredet. Wenn ich wollte, könne ich einziehen.

Das musste man mir nicht zweimal sagen. Mein ganzes Leben lang hatten mich solche Situationen, in die man gewöhnlich nicht kommt, immer gereizt. Auch war ich als Kind das, was man in Englisch einen „Tomboy" nennt – ein verhinderter Junge. Ich spielte weniger mit Puppen als mit elektrischen Schaltkreisen und Metallbaukästen. Meine Spielgefährten waren bis auf eine Ausnahme stets Jungen. Ich liebte es, mit meinen Gefährten Baumhäuser zu konstruieren, an alten Autos herumzuschrauben und Hütten im Wald zu errichten. Mit anderen Worten: Dieses Angebot war für mich wie gemacht.

Wir verabredeten uns für den nächsten Morgen, wenn das Schiff wieder in meinem Urlaubsort anlegen würde. Ich ging ins Ferienheim, packte meine Sachen, sagte artig „Auf Wiedersehen" zu den verblüfften Damen und meldete mich beim Heimleiter ab. Was ich vorhatte, war zwar nicht in den Gewerkschaftsstatuten vorgesehen, aber es kam so überraschend, dass niemand etwas unternehmen konnte. Ich war weg – und frei!

Von nun an war die „Pirna", ein kleineres der Schiffe der Dresdner Weißen Flotte, mein Urlaubsquartier. Es war ein Raddampfer mit zwei seitlichen Schaufelrädern.

Natürlich wollte ich nichts umsonst. Ich fühlte mich als Teil der Mannschaft. Zunächst bedankte ich mich beim Kapitän, um mich dann im Maschinenraum näher mit dem Maschinisten und dem Heizer bekanntzumachen. Oft verbrachte ich den halben Tag dort unten in der Hitze, und sie zeigten mir, wie der Kessel befeuert und die Maschinen gewartet und geölt wurden. Oben half ich, wenn Not am Mann war; gelegentlich servierte ich sogar auf den Decks Kaffee, Kuchen und Getränke.

Die Dampfschiffe auf der Elbe fuhren damals täglich auf den etwa 170 Kilometern zwischen Schmilka und Riesa – mit Dresden mittendrin – hin und her. Da eine volle Fahrt stromauf und stromab an einem Tag nicht möglich war, wurde nach Dienstschluss immer in verschiedenen Orten angelegt und übernachtet: mal in Bad Schandau, mal in Pirna oder auch im Heimathafen Dresden. Dann wurde auf dem Schiff für die Mannschaft gekocht und zusammen gegessen, getrunken und geplaudert. Manchmal ging man abends noch im Ort irgendwohin. Mehrmals ließ ich mich auch morgens irgendwo an der Strecke absetzen und am Nachmittag, nachdem ich die Umgebung erkundet hatte, wieder aufnehmen.

Es war ein tolles Miteinander auf unserem Kahn. Natürlich war auch der eine oder andere harmlose Flirt mit dabei, aber mehr passierte nicht.

Da ich auf dem Schiff oft unten im Maschinenraum hockte und gelegentlich durch die Luke an Deck stieg, ließ es sich nicht vermeiden, dass ich von Fahrgästen gesichtet wurde, die zuvor mit mir in der Reisegruppe gewesen waren. Man wollte wissen, was ich da mache. Wir dachten uns einen Spaß aus. In

Übereinstimmung mit der gesamten Mannschaft verkaufte ich mein Abenteuer als einen Test der Akademie der Wissenschaften. Man wolle – so ließ ich die interessierten Zaungäste wissen – herausfinden, wie viel schwere körperliche Arbeit einem weiblichen Organismus zuzumuten sei. Deshalb arbeite ich im Maschinenraum. Auch der Kapitän spielte bei dieser Scharade mit. Es ist bezeichnend für das Wesen der DDR, dass die Leute uns diese Geschichte hundertprozentig abkauften. Wenn man bedenkt, dass ja auch im Spitzensport den Frauen Höchstleistungen abverlangt und mit Doping auch noch gefördert wurden, kann man es sich vorstellen.

Unvergesslich für mich ist, dass der nette Kapitän es mir erlaubte, unter seinen wachsamen Augen für eine kurze Etappe zwischen den Anlegestellen Wehlen und Rathen das Steuer zu übernehmen – natürlich ohne Ab- und Anlegemanöver. Das blieb ihm vorbehalten. Aber wenigstens kann ich sagen, ich weiß, wie es sich am Steuer eines solchen Schiffes anfühlt.

Für zwei Tage ging unser Dampfer in die Dresdner Werft, die stromabwärts bei der Leipziger Vorstadt lag. Die Mannschaft ging zu ihren Familien nach Hause, und ich durfte auf der „Pirna" schlafen. Ich hatte die Schlüsselgewalt über unseren Kahn – und eine Welt der Abenteuer vor'm Kabinenfenster. Denn in der Werft lag ein Dampfer neben dem anderen vertäut, und man konnte von dem einen zum anderen Boot laufen. Ich nutzte derweil die zwei Tage, um mir Dresden genauer anzuschauen.

Gegen Ende dieses fast unwirklichen Urlaubs geschah dann doch noch ein peinliches Unglück. Wir lagen über Nacht bei den Dresdner Elbterrassen. Die Mannschaft war schon weg, der Heizer und ich wollten abends gemeinsam ausgehen und Abschied feiern, und wie immer hatte der Kapitän mir den gesamten Ersatz-Schlüsselbund des Schiffes anvertraut. Ich tat die Schlüssel mangels einer anderen Möglichkeit in die Brusttasche meiner Bluse. Die Mannschaftsquartiere waren abgeschlossen, während der Heizer duschte und ich auf die von außen zugängliche Toilette ging. Als ich spülen wollte, beugte ich mich über die Toilettenschüssel, das Loch im Boden des Klo's öffnete sich – und in diesem Moment fiel das gesamte Schlüsselbund durch sein Gewicht aus meiner Brusttasche durch's Kloloch in die unter dem Schiff deutlich sichtbar dahinfließende Elbe. Plopp! Ich werde dieses Geräusch niemals vergessen ...

Da stand ich nun! Was tun? Als erstes stürmte ich in die Dusche, um das Malheur dem Heizer zu beichten. Das Problem war, dass dieser nur ein Badehandtuch bei sich hatte; alles andere war, fein ordentlich eingeschlossen, in der Kabine. Dann wollte ich, einem Impuls folgend, dem Schlüsselbund hinterherspringen. Mein spärlich bekleideter Begleiter konnte mich nur mit Mühe von meinem Vorhaben abhalten. Er machte mir klar, dass dies kein gewöhnlicher Tauchgang wäre, die Elbe eine enorme Fließgeschwindigkeit und zudem im Flussbett eine tiefe Schlickschicht hatte. Es sei unwahrscheinlich, dass sich das Schlüsselbund überhaupt noch unter dem Schiff befand – und ganz nebenbei: ob ich lebensmüde sei!?!

Erst einmal aber mussten wir in die Quartiere. Zum Glück waren noch Maschinist und Heizer auf der in der Nachbarschaft angelegten „Leipzig" auf ihrem Dampfer. Die amüsierten sich natürlich köstlich, als ein nur mit Handtuch knapp verhüllter Kollege mit einer vor Scham hochrot angelaufenen Frau auf ihr Schiff kam. Grinsend machten sie sich daran, einen Dietrich anzufertigen, der uns zumindest die Tür zu den Kabinen öffnete. Der Abend verlief entsprechend – und für mich überschattet von der Erwartung des „Feuerwerks" am nächsten Morgen, wenn ich dem Käpt'n beichten musste.

Ich glaube, es war einer der schwersten Gänge meines Lebens. Und das am letzten Tag. Ich schämte mich für meine Leichtfertigkeit – und dafür, dass ich noch so ganz am Schluss

des ansonsten phantastisch ungewöhnlichen Urlaubs meine bereits bewiesene Vertrauenswürdigkeit infrage gestellt hatte.
Die Standpauke war gewaltig. Aber mir wurde auch relativ schnell vergeben. Man konnte mir wohl meine Zerknirschtheit und Reue ansehen – und Gott sei Dank konnten die verlorenen Schlüssel, die irgendwo unter Metern von Schlamm am Grund der Elbe ruhten, niemandem in die Hände fallen und daher auch keinen Schaden anrichten. Zum Abschied lagen wir uns alle – Kapitän eingeschlossen – in den Armen.

Übrigens: Am Ende, zur Abreise, musste ich mich ja zwecks Meldung wieder im FDGB-Heim einfinden. Ich habe dann die ganze Geschichte mit der angeblichen wissenschaftlichen Studie aufgeklärt. Alle haben gelacht; böse war mir niemand. So war das manchmal in der DDR.

Wie man sieht, war das Ganze ein ebenso ungeplantes wie ungewöhnliches Urlaubserlebnis. Eigentlich mein schönstes. Die Bluse, obwohl sie mir schon lange nicht mehr passt, hängt immer noch im Schrank und hält die Erinnerung seit beinahe vierzig Jahren frisch …

Ich habe also die Elbe auf einer nicht unbedeutenden Strecke sowohl von ihrer schönen Seite erlebt als auch, im wahrsten Sinne des Wortes, in ihre Abgründe geschaut. Sie hat mich in den Schlaf gewiegt und mir auch Respekt vor ihr beigebracht. Ich kann wohl sagen, ich habe diesen Fluss in- und auswendig kennengelernt. Wer einen Beweis für diese Geschichte benötigt, braucht nur nach dem Schlüsselbund zu tauchen …

Mosaiksteinchen

Persönliche Gedanken zu einigen Orten

Ich werde ja nicht müde zu erwähnen, dass wir auch als DDR-Bürger vor 1989 reisen konnten, wenn auch nur in die damaligen Ostblockländer. Gemessen an den Möglichkeiten war das ein ganzes Stück vom Globus.

So oft ich reiste – als Reiseleiterin oder privat – war ich niemals an Vordergründigem interessiert. Auch gehörte ich zu einem noch nicht erwähnten Typ von Reisenden. Denn neben den Nordischen und den Orientalen, den Schatten- und den Sonnensuchern, den Klassischen und den Kulturellen, den Berg-, Kur-, See- und Flussreisenden gibt es noch zwei weitere wichtige Kategorien, nach denen man die touristische Spezies sortieren könnte: die „Vielsucher" und die Standorttreuen. Ich gehörte immer der letzten Gruppe an.

So ist die Liste der von mir besuchten Ländereien gemessen an meiner Herkunft zwar erstaunlich lang, angesichts der sich mir in der Mitte meines Lebens eröffnenden Möglichkeiten jedoch erschreckend kurz.

Ich möchte hier einige ganz persönliche Anmerkungen zu nur einigen Reisezielen einfügen, die mir am Herzen liegen.

Als ich achtzehn war, wurde *Budapest* die erste ausländische Metropole, welche ich alleine bereiste. Bekanntermaßen war und ist sie eine wunderbare Stadt, und besonders zu DDR-Zeiten kam noch die für ein Ostblockland ungewöhnliche – und vielgerühmte – weltoffene Atmosphäre hinzu. Man verglich sie damals mit Paris, aber selbstversändlich hatte sie viel mehr mit der nicht weit entfernten österreichischen Hauptstadt Wien gemeinsam.

Natürlich spielte für mich sicher auch unterschwellig die Tatsache mit, dass ich mich ja sozusagen unter den Landsleuten meiner irgendwie ungarischen Vorfahren befand. Ich traf ausgesprochen herzliche, hilfreiche Menschen. Ein Ehepaar auf dem Nachhauseweg vom Theater, das ich in der Straßenbahn nach dem Weg zu dem mir zugewiesenen Nachtquartier fragte, stieg sogar mit mir aus und in eine andere Straßenbahn um, nur um mich in einen ganz anderen Stadtteil und bis vor die Tür der angegebenen Adresse zu bringen. Das hat sich mir für immer eingeprägt.

Es gibt eine Stadt, bei der ich sehr bedaure, dass ich sie nie – jedenfalls bis jetzt nicht – besucht habe, und das ist die tschechische Hauptstadt *Prag*. Dennoch habe ich eine der stärksten Erinnerungen an sie; ein Bild, das sich mir auf immer eingeprägt hat und bei Nennung dieser Stadt jedesmal vor meinem inneren Auge auftaucht, als habe ich es gerade erst gesehen.

Denn dass ich *niemals* in Prag war, ist *nicht ganz* richtig. Ich hielt mich eine oder zwei Stunden dort auf: in einem Zugwaggon auf dem Prager Hauptbahnhof. Es war auf der Fahrt von Dresden in die Hohe Tatra; die Schlafwagen wurden wohl angehängt und es wurde rangiert. Meine Sinne waren hellwach, denn ich hatte mir vorgenommen, diese für uns ungewohnte Art entschleunigten Reisens auch mit allen Sinnen zu genießen.

In Anbetracht von Speisewaggon und bevorstehendem persönlichem Schlafwagenabteil machte sich fast ein Gefühl von „Orient-Express" in mir breit. In meinem Kopf summte schon die Melodie der zum berühmten Spielfilm „Mord im Orient-Express" wundervoll komponierten Filmmusik von Richard Rodney Bennett; jener Walzer, der wie kaum eine andere Melodie das Dampflok-Reisen in Kombination mit der Exklusivität des

Verkehrsmittels und der Exzentrizität der damaligen High-Society-Reisenden akustisch auf den Punkt zu bringen versteht.

So eingestimmt nahm ich den am schon dunklen Nachthimmel stehenden Sichelmond sowie die Silhouette von Hradschin und Prager Burg wahr. Als wir uns dann langsam wieder in Bewegung setzten und aus der Stadt herausfuhren, konnte man in die hell erleuchteten Fenster der nahe am Bahndamm stehenden Häuser sehen.

Ich weiß nicht, warum sich dieses eine Bild so in mein Gedächtnis gebrannt hat: In dem relativ leer wirkenden Zimmer einer Wohnung stand ein junger Mann vor einem Reißbrett. Er war etwas zurückgetreten und schaute gedankenversunken oder kritisch auf eine Zeichnung oder einen Konstruktionsplan. Dabei hatte er seinen Kopf nachdenklich in eine Hand gestützt. Mir war plötzlich in einer eigenartig kafkaesken Weise so, als stünde ich hinter ihm und sähe ihm direkt über die Schulter und auf die Zeichnung. Das Zimmer schien mir so vertraut, als kenne ich es seit Langem.

Dieses Bild, gemischt mit der Vorfreude auf Fahrt und Urlaub, mit Burgberg und jungem zunehmendem Mond, das ist ein starker Eindruck, den Prag in mir hinterlassen hat – ein Ort, an dem ich nie wirklich war.

Oft hingegen war ich in der *Tatra*- und zwar in der Hohen wie in der Niederen, als Reiseleiter und als Urlauber, im Sommer und im Winter. Wer wunderschöne, zum größten Teil erwanderbare und dennoch übersichtliche Berggegenden sucht, ist in diesem Teil der Karpaten zu jeder Jahreszeit goldrichtig! Und wer sowohl kinderleichte als auch olympisch anmutende Skiabfahrten sucht, findet sie in beiden Tatras.

Auch findet man dort Beeren – und Bären. Natürlich wussten mein Partner und ich die beiden Spezies zu unterscheiden und die Zeichen zu deuten. Denn wenn beim Blaubeerensammeln auf einmal selbige abgezupft waren und sich in der Nähe größere „Haufen" befanden, dann war es Zeit, weiterzuwandern. Meister Petz war mit seinem Appetit für die blauen Früchte schon dagewesen.

Allerdings hatten wir trotz aller Vernunft eine Bärenbegegnung. Denn diese Tiere wussten auch, dass in den Mülltonnen der umliegenden Hotels zahlreiche Honig-Portionspackungen vom Frühstück nur darauf warteten, ausgeschleckt zu werden. So fand man regelmäßig morgens umgestürzte Müllcontainer, verwüstete Rastplätze und eben auch wieder die „Visitenkarten" in Form großer Haufen vor.

Eines Abends waren wir gerade auf der Wiese vor unserem Hotel, als wir gewahr wurden, dass eine Bärenmutter offenbar entschieden hatte, mit dem Honigmahl nicht bis zur Morgendämmerung zu warten. Mit ihren zwei halbwüchsigen Jungen im Schlepptau näherte sie sich über die sommerliche Skipiste dem Hotel – und uns. Was konnten wir tun? Wir entschieden, dem natürlichen Instinkt der Bärin zu vertrauen. Sie war noch weit genug entfernt und wusste, dass sie sich im Menschenrevier befand. Sie würde – so unsere Theorie – bei Registrierung unseres Geruchs die Flucht ergreifen. Also verhielten wir uns, um sie nicht zu erschrecken oder in Panik geraten zu lassen, einfach ruhig. Nur leider klappte das nicht, denn der Wind trug ihr nicht, wie erwartet, unsere Duftmarke zu. Er wehte in entgegengesetzte Richtung. Als wir das erkannten, war es längst zu spät, noch zu flüchten. Schnell ging nun die Dämmerung in Dunkelheit über und zudem wurde es kalt. Frau Bär ließ sich Zeit. Mittlerweile knieten wir am Boden, und Steine bohrten sich in meine Knie und vor allem durch meine Feinstrumpfhose. Es war eine hochwertige Strumpfhose, die man sich zu DDR-Zeiten nicht immer leisten konnte; daher sorgte ich mich besonders um sie. Auf solche absurden Gedanken kam ich selbst in dieser Situation. Mittlerweile kam die Bärenfamilie –

langsam aber kontinuierlich – gefährlich nahe und hatte immer noch nicht unsere Anwesenheit bemerkt. Es war nun stockdunkel. Wir konnten hören, wie sie ganz in der Nähe Gras weideten und dabei leise schnaufende Geräusche von sich gaben. Ohne Lärm zu machen hatten wir uns flach auf den Boden gelegt und versuchten, jeder für sich, uns jeden möglichen Ausgang dieses Abenteuers vorzustellen und gedanklich irgendwie darauf einzustellen. Als – nach gefühlten Stunden, aber sicher waren es nur vierzig, fünfzig Minuten – die Bärenfamilie endlich so nahe war, dass ich meinte, ihren Geruch und ihren Atem wahrzunehmen, ging alles sehr schnell.

Erst war da ein Erschrecken, denn offenbar hatten sie jetzt unsere Witterung. Wir hörten die Tiere für eine Sekunde auf uns zu laufen. Dann, offensichtlich, hatten sie unsere Position wahrgenommen und stürmten nun – Gott sei Dank! – in die Richtung, aus der sie gekommen waren, davon.

So langsam, wie sich die Gefahr aufgebaut hatte, so schnell war sie vorbei. Leider haben wir von dem Abenteuer zu weiten Teilen als Erinnerung nur Geräusche, einen wilden Geruch und unsere kalte Angst zurückbehalten.

Letztendlich aber hatte der von uns vermutete Fluchtinstinkt doch noch funktioniert. Um Bärenhaaresbreite ...

Auch im Schwarzmeerort *Sotchi* war ich zu Gast, als es noch Teil der Sowjetunion war. Für uns war dieser Ort, den ich heute sicher überhaupt nicht wiedererkennen würde, ja fast der einzige tropisch geprägte Platz auf der Welt, der uns zugänglich war, wenn man mal von Kuba (für ausgewählte „Reisekader") absieht. Orangen- und Zitronenbäume hatten wir noch nie gesehen; ganz abgesehen von jenem erstaunlichen Exemplar, der „Baum der Freundschaft" hieß und an dem alle nur denkbaren Spezies von Zitrusfrüchten wuchsen. Die Nähe von Republiken wie Georgien und Abchasien addierten einen zusätzlichen Flair von Orient. Die fremdartige Schrift, Teeplantagen, Frauen in Pluderhosen, südliche Tänze und Gesänge ... alles das war für uns natürlich mehr als exotisch.

Umso erschreckender war der heraufziehende Konflikt in dieser Region, der in dem Jahr, als wir dort waren, seinen Anfang nahm. Ich weiß es, als sei es gestern gewesen, als ich plötzlich an der Grenze Soldaten mit Maschinengewehren und Schlagstöcken, Auto- und Panzersperren sah. Graue Wolken brauten sich damals zusammen. Es war der Anfang vom Ende der Sowjetunion – für die südlichen Republiken auch als Reiseland.

Wer hat eigentlich den "weißen Fleck" auf der Landkarte erfunden? Man möchte auf die Römer tippen, denn dieses Volk hat es ja in der Antike zu ausgedehnten Gruppenreisen gebracht, und so mancher Reiseveranstalter könnte sich heutigentags von der Logistik hinsichtlich Land- und Seereisen der Römischen Truppen eine Scheibe abschneiden.

Aber auch für die Römer gab es Grenzen, zumindest Wohlfühlgrenzen. Zwar haben sie auch im Keltischen Nordwesten gesiedelt, aber so richtig wohlgefühlt haben sie sich dort vermutlich nicht, denn sie zogen gleich zweimal eine Grenze zum Norden in Form von Hadrians- und Antoniuswall. Man möchte meinen, dass ihnen Britannien – wie der antike Name *Albion* für die Britischen Inseln suggeriert – in vielerlei Hinsicht tatsächlich ein weißer Fleck auf dem Atlas blieb, der sich ihnen nie vollständig erschloss.

Tatsächlich allerdings finden wir den Namen schon beim griechisch-ägyptischen Wissenschaftler Claudius Ptolemäus. Bei ihm finden wir auch noch eine namentliche Unterscheidung für eine der besagten Inseln, nämlich *Hibernia* für das heutige Irland. Zu schön wäre es, könnte man dieses Wort auf den englischen Begriff *hibernation* für Winterschlaf beziehen, aber das ist sprachwissenschaftlich in keiner Weise gestützt.

Diese Betrachtungen untermauern den Eindruck, den ich als Touristin von den Britischen Inseln in ihrer Gesamtheit hatte. Mein irischer Mann sagte einmal über seine Heimatinsel: „It´s not as if a Riverdance couple is flying over your path every day ...", was sich ungefähr folgendermaßen übersetzen lässt: „Es ist nicht so, dass einem in Irland jeden Tag ein Riverdance-Pärchen über den Weg fliegt!" Ich musste herzlich über diesen Satz lachen, aber natürlich hatte er recht. Auch auf der Grünen Insel sind die meisten Tage Alltage, und das Leben hat eine unexotische Normalität.

Ich hatte bereits in meinen Lebenserinnerungen beschrieben, wie verschlafen es mir zuweilen dort vorkam, und auch, dass mir vieles, was sich auf dem Archipel abspielt, ein weißer Fleck blieb. Aber das hatte sicher mit zwei Dingen zu tun: dass ich eben generell ein in den Süden strebender Mensch bin und dass ich lange – vielleicht zu lange – in Irland gelebt habe. Allerdings kann ich jedem, der gedämpfte Farben, durchwachsenes Wetter, geheimnisvolle Landschaften und Romantik liebt, dieses Land und seine gastfreundlichen Bewohner nur ans Herz legen.

Natürlich hieße es buchstäblich, Eulen nach Athen zu tragen, wenn ausgerechnet ich es für notwendig erachten würde, ausgerechnet für Griechenland als Reiseland Werbung machen zu müssen. Denn diese östliche Region Europas, die aussieht, als habe einst ein Riese mit starker Hand die Landplatte einfach unter Wasser gedrückt und somit einen Riesenarchipel mit Tausenden Inseln geschaffen, hatte es mir mit seinen kräftigen Farben und seinem besonderen Licht schon immer angetan. Nach dem Mauerfall war es mein bevorzugtes Urlaubsland, und mittlerweile ist es Heimat geworden.

Meine „Einstiegsinsel" ist *Kreta* gewesen. Der Instinkt riet uns damals, Anfang der neunziger Jahre, gleich fernab der bekannten nördlich gelegenen Urlauberzentren zu buchen und sich lieber den touristisch noch wenig erschlossenen Süden anzuschauen. Es war eine Ahnung, dass es wohl nicht mehr lange so bleiben würde.

Diese wilde, windige Insel musste man auf Vorschuss lieben; man musste bereit sein, sie anzunehmen. Die Beschwerlichkeiten des abgelegenen kleinen Dorfes lohnten sich, und ich erlebte noch ein Kreta, auf das man sich als Tourist einlassen musste und das sich in seiner spröden, manchmal auch harten, Ursprünglichkeit zeigte. In den erwanderten Gebirgsdörfern hatten die Ouzerien gewiss nur wenige Male – wenn überhaupt – Touristen gesehen. Die Männer saßen da wie seit Hunderten von Jahren, die Frauen jeweils abseits für sich. Die mit ihrem männlichen Partner einen Ouzo trinkende fremde Frau wurde mit abschätzigen Blicken beschossen ... Damals gewöhnte ich mir an, in Griechenland immer langärmelig und dunkel bekleidet herumzulaufen und die Kamera niemals um den Hals zu tragen. Das machte vieles leichter.

Wir trafen die ansonsten selbstbewussten Frauen auch als Supermarktbetreiberinnen; in Läden, die alles verkauften: Lebensmittel, Obst und Gemüse, Kohle, Fahrräder ... Derweil saß der Ehemann tagein, tagaus im daneben liegenden abgedunkelten Wohnzimmer vor dem ewig flimmernden Fernsehgerät. Im Dorf Lefkogia war die Besitzerin des „Super-"markts eine alte Frau, die Zeit ihres Lebens nicht aus ihrem Heimatort herausgekommen war, nicht einmal in´s Nachbardorf oder gar in die Kreisstadt. Sie lud uns zum Schnaps vor ihrem Geschäft ein; den Schwatz – mit Händen und Füßen – gab es gratis dazu. Wo wir herkamen, wollte sie wissen, und wie es bei uns sei. Bezahlung für den reichlich dargebotenen Aperitif wollte sie nicht: Wir waren gute Kunden und nun Freunde.

Ich liebte es, das herrliche Geld zu betrachten: die alten Drachmen, wunderschöne Münzen; solch ein künstlerischer

Aufwand für so wenig Wert. Ein Einkauf konnte in die Tausende, ein Abendessen in die Zehntausende gehen ...

Da wir keinen Mietwagen hatten, mussten wir auf den Bus warten – der entweder kam oder nicht; und wenn er kam, dann irgendwann. Während man an der kaum irgendwie gekennzeichneten Haltestelle wartete, wurde man von den alten Männern im gegenüberliegenden Kafeneion beobachtet, deren Gesichter, jedes einzelne, einen Roman erzählten. Das Kafeneion selber war ein garagenähnlicher Raum mit einigen alten Tischen und Stühlen und einer winzigen Theke. Ab und zu fuhr ein Jeep vorbei, mit Schafen hinten drauf, auf der Ladefläche gehalten nur von einem rundherum gelegten Stück Drahtzaun.

Wenn der Bus endlich kam, so war es damals ein altes Gefährt mit halboffenen Türen und einem über eine Heckleiter erreichbaren Gepäckträger. Wenn man dann endlich in ihm durch die Landschaft schaukelte – bei 36 Grad im Schatten und mit der unvermeidlichen lauten orientalischen Musik aus dem Radio beschallt – dann kam man schnell an seine physischen Grenzen. Aber man kam am Ende doch irgendwo an auf dieser windigen, harschen, heißen, trockenen und dornigen Insel.

Die alles beherrschenden Zikaden, das die Südstrände umspielende Libysche Meer und letztlich die windig-warmen Abende unter einem liegenden Sichelmond versöhnten dann die aufgewühlten Sinne wieder mit der in den Düften badenden Seele und dem vom herrlichen kretischen Essen angeregten Magen.

Hört sich das alles wie Hochglanz-Urlaubsprospekt an? Ja – und genau so war es. Aber eben nicht mittels gängiger Pauschalreisen, sondern abseits der ausgetretenen Pfade.

Athen ist noch einmal etwas für sich. Ich persönlich kann mir nicht vorstellen, in dieser Stadt Urlaub zu machen. Für Liebhaber von Städtereisen allerdings ist sie eine Klassikerin in allen Bedeutungen dieses Wortes.

Aber abseits von Akropolis, Altstadt und Agora hat sich Athen dem Vernehmen nach in den letzten Jahren der Krise und des gesellschaftlichen Umbruchs stark verändert. Ich kenne die Metropole allerdings – leider – nur vom Durchreisen und einigen Aufenthalten zwischen Flügen. Bezeichnenderweise habe ich es bis heute trotz zeitlicher Möglichkeiten nicht geschafft, *die* weltbekannte Athener Sehenswürdigkeit zu besuchen: Die hoffnungslos überfüllte Akropolis hatte mich schon beim ersten Besuch abgeschreckt; ich habe es immer nur bis an den Fuß des Burgberges geschafft. Allerdings gebe ich mich stets gerne dem Zauber der Anafiótika oberhalb der Altstadt Pláka hin – jenem Dorf in der Stadt, das seine Erbauer an die Siedlungen der Heimatinsel Anáfi erinnern sollte. Um Monastiráki herum beeindruckt mich, dass man überall, noch in den schäbigsten Seitenstraßen, auf Marmorpflaster geht. Und in den Fußgängerzonen um die berühmte Straße Ermoú herum reizen mich die kleinen umbauten Kirchlein und die riesigen Stoffgeschäfte.

Wahrlich atemberaubend aber ist die allgegenwärtige Geschichte noch in jedem kleinsten Winkel des modernen Alltagslebens.

Kefaloniá, unsere neue Heimatinsel, ist da ganz anders. Sie ist grün, sanft und fruchtbar. Der Winterregen, der in Strömen fließt, lässt die Insel den ganzen Sommer über davon zehren. Das spürt man besonders, wenn man nach einem monatelangen heißen und trockenen Sommer immer noch erheblich weniger stachlig-vertrocknete Pflanzen als auf Kreta oder den südöstlichen Inselgruppen findet. Auch fehlt hier der von anderen Inseln bekannte warme, oft heftig auflodernde, Sommerwind.

Kefaloniá ist auch in jeder anderen Hinsicht ein Geheimtipp: Abseits allen Stresses, den der Massentourismus, zum Beispiel auf Kérkyra (Corfu) oder Zákinthos, mit sich bringt, ist diese größte der Ionischen Inseln nahezu unbekannt. Dabei hat sie es – immerhin die sechstgrößte in Griechenland und Nummer elf im gesamten Mittelmeer – wahrlich nicht verdient, neben der achtmal kleineren Schwester Itháki solch ein verstecktes Dasein zu fristen.

Die Natur ist atemberaubend, das Wasser glasklar und die Sehenswürdigkeiten sind dutzendfach. Die Strände sind entweder spektakulär und gefährlich oder ruhig und familienfreundlich. Und die Größe sorgt überdies dafür, dass es nicht nur alle notwendigen Einrichtungen inklusive eines Krankenhauses gibt, sondern vor allem, dass man eine Vielfalt an Landschaften vorfindet und keinen Inselkoller bekommt. Vom äußersten Norden bis zur Südspitze ist man im Auto den besten Teil von zwei Stunden unterwegs, und das gleiche lässt sich über die West-Ost-Achse sagen, denn da hat man weite Wege um's Wasser herum oder eine Fähre mittendrin. Einsame Buchten kann man finden, die manchmal nur vom Wasser aus erreichbar sind; aber auch landläufig erreichbare Strände hat man gelegentlich sogar in der Sommersaison ganz für sich. Die einzigen Massentouristen kommen gelegentlich mit den morgendlichen Kreuzfahrtschiffen, aber am Abend ist auch das wieder vorbei.

Die Ruhe und die schöne Landschaft wussten offenbar schon die V.I.P.s der Antike zu schätzen. Man kann annehmen, dass Marcus Antonius und seine von Julius Cäsar „geerbte" Geliebte Cleopatra hier an Land gegangen sind und ihren Urlaub verbracht haben. Die Insel war eine seinerzeit von den Römern gehaltene Stellung mit einem wichtigen Flottenstützpunkt bei Panormos, dem heutigen Fiskárdo. Sicher scheint, dass Marcus und Cleopatra in diesen Gewässern gesegelt sein müssen. Und es gibt ein Indiz: In der Nähe von Fiskárdo befindet sich ein Dorf mit dem Namen *Markantonáta*, mit der für die Insel so typischen, venezianisch beeinflussten, Endung *–ata*.

Wäre das nicht ein schöner Werbeslogan?
„Schon ägyptische Königinnen machten hier Urlaub ..."

Apropos Nachbarinsel *Itháki*: Bemerkenswert fand ich, was man in einem gehobenen Souvenirladen in der dortigen Inselhauptstadt Váthi erwerben konnte. Wenn ich hier von „gehobenem" Laden spreche, dann meine ich eines jener Geschäfte, in denen man nicht das internationale Einerlei „Made in China" angeboten bekommt. Es gab dort lokale Töpfer- und Steinarbeiten sowie eine kleine Auswahl aus dem englischsprachigen Raum. Und eine Büchse für Schreibutensilien, die mit Darstellungen von Pittiplatsch, Schnatterinchen und dem Sandmann – seligen Angedenkens an die vor über 25 Jahren untergegangene DDR – dekoriert war. Ich hätte gerne gewusst, was den Ladenbesitzer zum Einkauf dieser Pretiose bewegt und wo er eine Verbindung zur Insel des Odysseus gesehen hat.

Damit sind wir nun beim titelgebenden Öresund angekommen. Der steht bei mir für die beiden durch ihn verbundenen Länder Schweden und Dänemark – und für mich ganz speziell für die Tatsache, dass auch ein äußerst kurzer Urlaub einen großen Effekt haben kann.
Zum Öresund brachte uns der sechzigste Geburtstag meines Mannes und meine Idee, ihn zu diesem Anlass mit seinen beiden schon lange Zeit in *Kopenhagen* lebenden Brüdern zusammenzuführen, die er in ihrem neuen Heimatland noch nie besucht hatte. Es war eine Überraschung.
Wenn ich an diesen Kurzurlaub zurückdenke, scheint es mir, als sei es eine ganze Woche gewesen und nicht nur ein Wochenende. Sicher war das bei weitem nicht genug, und so steht Dänemark noch einmal auf meiner Reisewunschliste – vielleicht ein bisschen wärmer und mit mehr Sonne als beim ersten Mal. Ganz bestimmt aber würde ich sicherstellen, dass sich dann auch

eine der bekanntesten Touristenattraktionen dort befinden würde, wo ich sie erwartete. Die kleine Meerjungfrau weilte während unseres Kopenhagen-Aufenthaltes weit weg, nämlich zur Weltausstellung in Asien. Da half auch nicht die Erklärung des Stadtführers, sie sei ja sowieso nur ganz klein; viel winziger, als sich die Touristen diese Statue eigentlich vorstellten. Das sollte uns trösten; mich machte es nur umso verständnisloser. Wenn sie denn so relativ klein war, stellte sich die Frage, wieso man nicht eine Nachbildung von ihr hergestellt und in's Ausland geschickt hatte.

Man stelle sich vor, das Brandenburger Tor wird abgebaut und zu irgendeiner Weltausstellung an's andere Ende der Welt gekarrt, dort aufgebaut und ausgestellt. Währenddessen sind die Berliner Stadtführer gehalten, ihren Gästen angesichts der klaffenden Lücke zu erklären, sooo besonders sei das Tor ja eh' nicht gewesen, im Übrigen viel kleiner als gemeinhin angenommen, und man habe nicht viel versäumt ... Undenkbar!

Und zum Schluss: Frankreich! Meine kurzen Besuche dort hielten sich entweder im grenznahen Bereich oder innerhalb von in Stunden bezifferbarer Zeiträume. Am „spektakulärsten" war wohl meine Einreise in das gallische Reich mit der Straßenbahn. Und umzugshalber verbrachte ich dort einen Tag auf der Autobahn zwischen *Calais* und *Lyon*, zwischen frühestem Morgen und kurz vor Mitternacht.

Aber das Land reicht weit in meine Erinnerung zurück; und da ich niemals länger dort und schon gar nicht in Paris war, müssen es Bilder aus einem früher gelebten Leben sein. Ein blaues Kleid spielt darin eine Rolle, eine bestimmte Stelle auf einer Brücke sowie einige nähere Umstände, auf die ich in einem anderen Buch genauer eingehen werde.

Auch habe ich eine Ahnung, dass es mit Frankreich und mir noch nicht ganz vorbei ist in diesem Leben.

Deshalb steht mir die Stadt Paris noch bevor, und dann wird weder Eiffelturm noch die Champs Élysées mein Ziel sein, sondern eine ganz bestimmte Stelle auf einer ganz bestimmen Brücke; ferner die Provence und einige kleine Dörfer, von denen ich noch Bild und Ton und vor allem Geruch in meiner Seele mit mir herumschleppe ...

Ich bin kein Urlaubsmensch ...

... und stehe dazu!

Nun, bei meiner Profession mag diese Aussage gegen Ende meines Büchleins ein wenig verwundern. Aber es ist so: Ich bin eigentlich kein Urlaubsmensch.

Am wohlsten fühle ich mich zuhause; umgeben von den Menschen, Tieren und Dingen, die mir wichtig sind.

Deshalb wundert es vielleicht auch nicht, dass ich – wie weiter vorne beschrieben – privat dem Typ Tourist angehöre, der immer wieder in die selben Gegenden fährt; der Gewohntes vorfinden, Bekannte treffen und vor allem sich zurechtfinden möchte. Mir war immer wichtig, eine Landschaft so gut wie möglich zu kennen und nicht, so viele touristische Trophäen wie möglich zu sammeln.

Auch reise ich nicht mit Laptop oder Mobiltelefon. Das technischste an Ausrüstung ist die Kamera. Ich liebe es, als „Mitbringsel" jene vielen kleinen immateriellen Dinge zu „sammeln", die das Salz in der Suppe des Reisenden sind. Manchmal allerdings ist die Kamera, wenn es lohnen würde, nicht dabei oder aber die Batterien sind gerade leer. Das ging mir auch wieder einmal so, als mir ein Schiff mit einem für diese Art Gefährt wohl ungewöhnlichen Namen begegnete: „Rosinante". Oft bleiben mir solche verpassten Fotomotive besonders lange in Erinnerung. Kurz bevor dieses Buch in den Druck ging, sah ich doch wirklich auch noch ein Boot mit dem Namen „Don Quichotte", also sozusagen den Herrn des berühmten Streitrosses. Mehr Cervantes auf dem Wasser geht nicht!

Aber abgesehen von möglichst witzigen Fotos möchte ich im Urlaub nicht unter technischem Zwang stehen und schon gar nicht erreichbar sein – und auch niemanden erreichen. Ich will ja eigentlich zu mir selbst finden; und auf diese Reise nehme ich gerne Tagebuch und Stift, gelegentlich auch ein Skizzenbuch und ein kleines Kästchen mit Aquarellfarben, mit. Mir ist aufgefallen, dass ich mich beim Anschauen von eigenen Skizzen immer viel intensiver an die Atmosphäre und meinen Gemütszustand zurückerinnern kann als beim Sichten von Fotos.

Bei Touristen beobachte ich allerdings zunehmend das Phänomen unserer Kommunikationsgesellschaft; so auch regelmäßig unter den Kreuzfahrern, die im Sommer unsere griechische Inselhauptstadt besuchen. Oft sind sie nur für wenige Stunden auf Landgang, setzen sich in eine Taverne, bestellen ein Getränk oder sogar etwas zu essen ... um dann sofort jeweils einen PC, ein Tablet, ein Pad oder ein Smartphone auszupacken und nur noch darauf herumzuhämmern: neueste Emails, Nachrichten an Zuhausegebliebene ... Das Getränk, das Essen werden nebenbei eingenommen, an die umgebende Landschaft kein Blick verschenkt.

Man lehnt sich nicht zurück und genießt die Atmosphäre, die Gerüche, den Sonnenschein und das Plätschern der Wellen ... Die Gegend wird, wenn überhaupt, nur noch durch den Sucher wahrgenommen. Dass sie hier waren, werden sie später nur erinnern, wenn sie das entsprechende „Album" mit Schnappschüssen auf ihrem PC öffnen ...

Das ist nichts für mich. Zudem zog und zieht es mich stets nach einer Woche wieder an meinen Wohnort zurück, egal wo er ist oder war. Dementsprechend waren die üblichen Charterflüge, die wir oftmals bei Pauschalanbietern buchen mussten, nicht ideal: Eine Woche war ein kleines bisschen zu kurz, zwei Wochen entschieden zu lang. Zehn Tage wären in diesem Zusammenhang für mich – und auch meinen Partner – ideal gewesen.

Das sorgte einmal für wirkliches Unverständnis bei meinen Mit-Urlaubern. Gerade noch hatte ich mich auf Kérkyra darüber ausgelassen, dass ich eines Tages einmal gänzlich nach Griechenland ziehen wollte, da erwähnte ich schon, dass ich Heimweh nach Hause hatte. Die Mitreisenden konnten das nicht verstehen: Wenn ich hier leben wollte, wie konnte es mir denn dann schon nach so kurzer Zeit zu lang werden?

Die Antwort war einfach: weil mein Lebensmittelpunkt nicht hier lag. Weil ich hier aus einem Koffer und einem Rucksack lebte. Weil meine Hündin nicht hier war. Das veränderte alles.

Positiv gesagt bedeutete es: Urlaub sollte immer ein Ausnahmezustand sein. Und für mich war es das immer: die Ausnahme von der Regel, deren Anhängerin ich stets war. Besonders jetzt hier, in Griechenland, wo mich nichts sosehr beschleicht wie Heimweh – weil hier jetzt mein Heim ist.

Ganz zum Schluss

Sonnige Urlaubskarten mit blauem Himmel und traumhaften Ansichten können eine Gegend in der Erinnerung bis zur Unkenntlichkeit verändern. Man sollte sich hüten, einem ersten und ungeprüften Impuls nachzugeben und dorthin auswandern zu wollen, wo man sich in einem Urlaub wohl und zuhause gefühlt hat.

Es gibt ja diesbezüglich einige Fersehsendungen, die ich mir immer wieder mit Interesse und Verwunderung anschaue. Ein Klassiker ist der Satz: *„Ich will mehr Zeit und Lebensqualität haben, deshalb wandere ich jetzt mal nach Mallorca aus und eröffne dort ein Restaurant!"* – möglichst noch unbeleckt von jeglicher Sprach- und Sachkenntnis. Scheitern ist da vorprogrammiert!

Nun kann man mir vorwerfen, dass ich mit Steinen werfe, während ich im sprichwörtlichen Glashaus sitze – und das in doppelter Hinsicht, denn ich habe es ja zweimal getan. Und beide Male ging es gut, wenn ich auch mit meinem ersten Auswanderungsland Irland nie richtig „warm geworden" bin.

Das lag vielleicht auch an meinem Gesundheitszustand und der Tatsache, dass es in Irland nie richtig warm wird.
Aber in beiden Fällen habe ich mich gezwungen, ganz genau hinzuschauen, die rosarote Brille abzusetzen und die Vergrößerungsgläser herauszuholen. Auch die in meinem Falle begünstigenden persönlichen Lebensumstände spielten eine große Rolle bei der Umsetzung von Träumen und Ideen. Andere Umstände, ein paar Jahre früher oder ein paar Monate später, etwas jünger und auch gesünder oder aber schon etwas älter und kränker ... und in unserem Falle wäre es möglicherweise nie zum Umzug „ins Paradies" gekommen.

Dennoch, und bei allem Rat zur Vorsicht: Dies hier soll ein Plädoyer sein, sich seine Träume, so exotisch sie auch sein mögen, zu erhalten. Denn sie sind das Salz in der Lebenssuppe, sie treiben uns an, und sie sind schön. Jeder woanders verbrachte Urlaub bringt uns ihnen ein wenig näher, und deshalb reisen wir. Und so soll es auch bleiben ...

Und ich höre auch niemals auf, die Dinge professionell zu betrachten. Auch wenn ich das Schwere an der Arbeit und die gelegentlichen Schwierigkeiten im Umgang mit Touristen kenne, bin ich jedesmal wieder offen für neue Erfahrungen, und das ist das Schöne an diesem Beruf. Eigentlich müsste ich das jetzt in der Vergangenheitsform schreiben, denn die aktiven Arbeitsjahre sind vorbei. Aber es ist mir längst ins Blut übergegangen, und so bin ich, nach mehreren Jahrzehnten Berufserfahrung und auch als Privatmensch, immer wieder gespannt auf Gäste und Touristen, die mir begegnen; entweder an den sonnigen Stränden, auf den Flaniermeilen oder in den Tavernen unserer nunmehrigen Heimatinsel, die natürlich auch vom Tourismus lebt.

Kein schönerer Ort ließe sich denken für eine Reiseleiterin im Ruhestand. Und kein schönerer Platz, mit dem Laptop oder – besser – mit Papier und Stift in der Sonne zu sitzen und Erinnerungen aufzuschreiben.

Dieses Büchlein begann am nordischen Sund, endet dort aber nicht. Denn die Lebensreise ist noch nicht an ihrem Ende, das Entdecken geht weiter. Ich habe noch einige Orte dieser Welt, die ich unbedingt sehen möchte, und eine Reihe von Zielen, denen ich zumindest nicht abgeneigt wäre.

Und außerdem wartet auf mich ja noch eine Brücke in Paris; und leise – ganz leise, aber deutlich hörbar – ruft der Öresund ...